Elaine White

Sexualität bei Menschen mit Demenz

Verlag Hans Huber
Programmbereich Pflege

Elaine White

Sexualität bei Menschen mit Demenz

Aus dem Englischen von Heide Börger

Deutschsprachige Ausgabe bearbeitet und herausgegeben von Peter Offermanns

Verlag Hans Huber

Elaine White. Klinische Pflegeberaterin in geriatrischer Altenpflege, Sexualberaterin, New South Wales, Australien
Peter Offermanns. (Dt. Hrsg.) Dipl. Pflegewirt (FH), Krankenpfleger, Autor, Berlin
E-Mail: offermannsp@t-online.de

Lektorat: Jürgen Georg, Silvan Schmid, Peter Offermanns
Bearbeitung: Peter Offermanns
Herstellung: Jörg Kleine Büning, Daniel Berger
Umschlagillustration: pinx. Winterwerb und Partner, Design-Büro, Wiesbaden
Umschlaggestaltung: Weiß-Freiburg GmbH, Freiburg
Fotos (Innenteil): Jürgen Georg
Satz: punktgenau GmbH, Bühl
Druck und buchbinderische Verarbeitung: AALEXX Buchproduktion GmbH, Großburgwedel
Printed in Germany

Bibliografische Information der Deutschen Nationalbibliothek
Die Deutsche Nationalbibliothek verzeichnet diese Publikation in der Deutschen Nationalbibliografie; detaillierte bibliografische Angaben sind im Internet über http://dnb.d-nb.de abrufbar.

Anregungen und Zuschriften bitte an:
Verlag Hans Huber
Lektorat: Pflege
Länggass-Strasse 76
CH-3000 Bern 9
Tel: 0041 (0)31 300 4500
Fax: 0041 (0)31 300 4593
verlag@hanshuber.com
www.verlag-hanshuber.com

Das vorliegende Buch ist eine Übersetzung aus dem Englischen. Der Originaltitel lautet «Dementia and Sexuality» von Elaine White.

1. Auflage 2013

(E-Book-ISBN [PDF] 978-3-456-95266-6)
(E-Book-ISBN [EPUB] 978-3-456-75266-2)
ISBN 978-3-456-85266-9

Inhaltsverzeichnis

Widmung

Dieses Buch ist dem Gedenken an meinen Ehemann und Seelenverwandten John Alwyne White gewidmet, der am 21. Mai 1979 starb.

Danksagung

Ich danke meiner Mentorin, Frau Professor Emeritus Mary Marshall, für kontinuierliche Unterstützung, Feedback, konstruktive Kritik, Enthusiasmus und dafür, dass sie mir zugetraut hat, dieses Buch zu schreiben. Großen Dank schulde ich auch Marti Blanch, von deren Wissen ich profitieren durfte. Sie war es auch, die mich auf die Idee gebracht hat, mich mit dem Thema Sexualität auseinanderzusetzen, und zwar nicht nur mit dem rein körperlichen Aspekt, sondern mit allen Facetten, die dazugehören.

Besonders erwähnen möchte ich auch all die großartigen Menschen mit Demenz, die mich immer wieder motiviert haben, nicht nur ihre Diagnose wahrzunehmen, sondern zu ergründen, weshalb ihr demenzgeschädigtes Gehirn sie veranlasst, ihre Sexualität auf eine Art und Weise zum Ausdruck zu bringen, die professionelle Betreuer oft als unangemessen empfinden. Leider müssen sie und ihre Familien, denen ich eine Fülle von Informationen verdanke, anonym bleiben, doch im Zuge der Suche nach einer Lösung für die mit ihrer Situation verbundenen Probleme, habe ich eine Fülle von Erkenntnissen gewonnen.

Ich danke besonders Ann Moylan, Fran Dumont, Diana Golvers und June Morris für ihre wertvollen Anregungen und Ratschläge, wann immer mir an einer anderen Meinung gelegen war. Ich bin auch meiner Enkeltochter Hilary sehr dankbar für den treffenden Titel «A rose that never wilts» (Eine Rose, die nie verwelkt). Des Weiteren danke ich Richard Hawkins für Feedback, Zuspruch, Geduld und Unterstützung, was die Struktur und den Inhalt des Buches anbelangt, sowie Kate Hawkins für ihre Bearbeitung.

Mein ganz besonderer Dank gilt meiner Familie: Sue, Iain, Peter und Kerrie für ihre Hilfe, Unterstützung und Ermutigung und dafür, dass sie immer für mich da sind und mir zugetraut haben, dieses Buch zu schreiben. Ich glaube, ohne sie hätte ich es nicht abschließen können.

Geleitwort zur deutschsprachigen Ausgabe

Sucht man in der deutschsprachigen Pflegeliteratur Werke zum Thema «Sexualität und Demenz» ist das Ergebnis mager bis kaum vorhanden. Gelegentlich wird es eher nebenbei als Abschnitt in einem Kapitel behandelt. Der Umgang mit «Sexualität und Demenz» ist eher verhalten, verschämt und distanziert.

Sexualität im Alter ist inzwischen durch die Printmedien und TV-Sender zwar gesellschaftsfähiger geworden, doch Sexualität bei Demenz ist offenbar weiter ein Tabuthema. Es fällt daher wohl noch unter die Kategorie «anrüchig» und «schmutzig», noch so lange wahrscheinlich, bis seriöse Talkshows sich des Themas annehmen und – hoffentlich nicht reißerisch aufgezogen, für ein großes Publikum aufbereiten.

Die Australierin Elaine White ist seit vielen Jahren als Pflege- und Sexualberaterin in der Geriatrie tätig. Ihr Buch «Demenz und Sexualität» ist das Ergebnis ihrer jahrelangen Beobachtungen und Erfahrungen. Entstanden ist das Buch in enger Zusammenarbeit mit Pflegekräften und mit Menschen, die an Demenz erkrankt sind.

In dem doch inzwischen großen Fachbuchangebot für die Pflege, nimmt Demenz und Sexualität eine singuläre Sonderstellung ein. Mit großer Sensibilität und Einfühlungsvermögen widmet sich White einem Gebiet, das sowohl Pflegende als auch Angehörige und Betreuer an Demenz erkrankter Menschen schamvoll und peinlich berührt und daher umgangen wird.

Das Verlangen nach Sexualität als ein unaussprechliches Nebenprodukt einer Krankheit, die Demenz genannt wird und die zunehmend immer größere Bevölkerungsschichten betrifft.

Der völlig freie Umgang mit Sexualität ist zugegeben bisweilen schwierig. In der Pflege möchte man «damit» eher nichts zu tun haben, geschweige sich eingehender professionell auseinanderzusetzen. «Es» stört den normalen Ablauf und – vielleicht noch viel bedeutender – zwingt die Pflegekraft, sich mit den eigenen Vorurteilen, der eigenen (In-) Toleranz und auch der eigenen Sexualität auseinander zu setzen. Erschwerend hinzu kommt, das Pflegende mit Angehörigen ein Thema besprechen sollen, dass beide Gesprächspartner fast nötigt, sich der (gelebten) Sexualität der Elterngeneration und der eigenen Eltern (!) zu nähern. Auch das ist kein leichtes Unterfangen und auch eher der Kategorie «Tabu» zuzuordnen. Pflegende und Angehörige stehen hier vor einem Dilemma. Ein Tabu aufzubrechen erfordert Mut. Aber nicht nur Mut über etwas nachzudenken, was vielleicht moralisch nicht erwünscht ist, sondern auch die Bereitschaft, sich fundiertes Wissen um das tabubesetze Thema anzueignen. Versuchen wir einmal, ganz unvoreingenommen und wertneutral, uns des Themas anzunehmen. Jeder Mensch hat sexuelle Bedürfnisse. Sexualität in unserer heutigen Gesellschaft ist jedoch eher auf Jugend und ästhetische Körperlichkeit ausgerichtet: glatte und straffe Haut statt Falten und Runzeln, Sixpack statt Bauch, ein strahlendes Gebiss statt der dritten Zähne und volles und kräftiges Haar statt schütterem Haar-Rest oder Altersglatze. Älteren Menschen wird in der Regel die Lust und das Bedürfnis nach Sexualität abgesprochen. Man setzt «saubere» und «pflegeleichte» Asexualität voraus. In der täglichen Pflegearbeit werden wir jedoch oft mit Situationen konfrontiert, die das genaue Gegenteil sind. Ältere, alte und selbst hochbetagte Menschen denken noch über sexuelle Bedürfnisse nach und führen noch sexuelle Handlungen aus. Selbst Menschen, die an Demenz erkrankt sind, sind da keine Ausnahme. Weshalb auch! Ist es dann ein Wunder, dass wir als Pflegende in der Regel damit komplett überfordert sind? Auch wir sind nur ein Teil der Gesellschaft, die prägend auf uns eingewirkt hat, mit all ihren Vorurteilen, ihrer (In-)Toleranz und den in unserer Zeit geläufigen moralischen Werten. Durch unsere «haut- und körpernahe» Arbeit mit Menschen, sind wir aber um so mehr verpflichtet, blind übernommene (Vor-)Urteile in Frage zu stellen und auf ihren Wahrheitsgehalt zu überprüfen. Die Erfahrung in der Arbeit mit der betroffenen Gruppe zeigt, dass die gesellschaftlich geforderte Moral nichts mit der gelebten Realität zu tun hat.

Menschen sind Individuen mit individuellen Bedürfnissen, die ihren entsprechen Ausdruck finden. Das gilt auch und ganz besonders für an

Demenz erkrankte Menschen! Das, was wir als enthemmtes, provozierendes, nicht mehr zu verstehendes Verhalten erleben, ist auf die Schädigung und Funktionsstörung bestimmter Hirnareale zurückzuführen. Im ersten Teil des Buches erklärt uns Elaine White, knapp und verständlich, welche Regionen im Gehirn betroffen sein können und welche Verhaltensweise die entsprechende Störung nach sich ziehen kann. Aber auch hier sei darauf hingewiesen, dass jeder Mensch seine individuelle Biographie mit sich bringt und dementsprechend unterschiedlich ausgeprägt, zeigt sich sein Verhalten bei einer demenziellen Störung des Gehirns. Ebenfalls durchgängig und immer wieder dringlich weist White darauf hin, dass Sexualität **nicht** nur und **nicht** immer Heterosexualität bedeutet! Im englischsprachigen Raum ist die Bezeichnung «GLBTI-Personen» gebräuchlich. Damit sind schwule (G = Gay), lesbische, bisexuelle, transsexuelle oder intersexuelle Personen gemeint. Eine Tatsache, die viele Pflegende in einen ethisch-moralischen Zwiespalt und zusätzlich in große Ängste stürzen kann. Wie gehe ich mit GLBTI-Personen um? Eine ganzheitliche Pflege fordert ein Grundwissen über die verschiedenen Möglichkeiten der sexuellen Orientierung von zu Betreuenden ein. Selbst wenn dieses Wissen vorhanden sein sollte, bleibt die Frage: wie integriert man GLBTI-Personen in eine Einrichtung für alte, hochbetagte und an Demenz erkrankte Menschen? Sind doch auch sie alle mit den (Vor-) Urteilen ihrer und unserer Zeit aufgewachsen und davon geprägt! Betroffene waren oft einer Verfolgung ausgesetzt, die nicht selten zu Haft und im schlimmsten Fall zum Tode führten. Gerade die jüngere Geschichte Deutschlands ist hier ein erschütterndes Beispiel dafür, wie Kirche und Staatsgewalt mit «Andersartigkeit» umgegangen sind. Das sind prägende und traumatische Erfahrungen, die selbst spätere Generationen von Betroffenen verinnerlicht haben. Weshalb sollten sie sich jetzt, im letzten Lebensabschnitt, noch «outen»? Pflegende, die Leitung, das Management sind hier gefordert und müssen sehr eng und lösungsorientiert zusammenarbeiten. Elaine White zeigt uns, wie dieser Weg aussehen kann. Wie so oft, ist Wissen und Kommunikation der Schlüssel zu vielen Lösungen. Wie so oft, ist Kommunikation nicht immer die einfachste Lösung. Kommunikation beinhaltet Aufklärung, Aufklärung setzt Wissen voraus. Wissen und Erkenntnis führen möglicherweise zum Brechen von Tabus – und nicht zuletzt zur «Identifizierung, Diagnose und Lösung der wahrgenommenen Probleme». Dies alles zusammen ist die Basis eines Konzeptes bzw. bildet die «Grundlage für die Entwicklung und Implementierung kreativer, personenzentrierter und lebensverbessernder Strategien». Verdeutlicht wird das durch die vielen Fallbeispiele im Buch. Pflegende, Betreuer, Angehörige werden sich mit Situationen konfrontiert sehen, die sie so oder ähnlich selbst schon miterlebt haben. Sie werden sich daran erinnern, wie peinlich berührt oder gar abstoßend sie die eine oder andere beobachtete «Aktivität» ihrer Angehörigen, ihre Klienten fanden, sich für sie schämten oder glaubten, sich für sie entschuldigen zu müssen. Welch eine Erleichterung ist es dann zu lesen, dass sich durch die persönlichkeitsverändernde Krankheit Demenz, durch die Schädigung bestimmter Hirnareale, vielleicht «unpassende» Handlungen in der Öffentlichkeit oder im privaten Bereich erklären lassen.

White spricht das aus, was viele von uns vielleicht nicht wissen (wollen) oder sich nicht zu sagen trauen: Auch Menschen mit Demenz sind individuelle und lebendige sexuelle Wesen und bleiben es bis zu ihrem Lebensende. Das heißt ebenfalls, dass sie als solche behandelt werden wollen, auch wenn sich ihre Persönlichkeit durch die Erkrankung stark verändert hat.

Elaine Whites Buch «Demenz und Sexualität» richtet sich sowohl an Pflegepersonal, als auch an Betreuer und Angehörige. Es bricht mit einem Tabu, das lange und tief in unserer Gesellschaft verwurzelt war und, wie ich denke, immer noch ist. White leugnet auch nicht, dass bestimmte Texte einige Leserinnen und Leser verstören könnten. Ein jeder hat seine eigenen Erfahrungen, Werte und Überzeugungen aufgrund seiner Erziehung, des religiösen Hintergrundes, der kulturellen Abstammung. Dies gilt natürlich gleichermaßen für Pflegende, Angehörige oder Betreuer, also all derjenigen, die professionell, ehrenamtlich oder familienbedingt mit Menschen zu tun haben, die an Demenz erkrankt sind. Einige werden sicherlich die von White vorgeschlagenen Problemlösungsstrategien ablehnen. Daran ist vorerst wenig zu ändern. Doch vielleicht verändert sich mit der Zeit der Blickwinkel und auch diejenigen, die jetzt noch ablehnend und distanziert diesem Buch gegenüberstehen, werden erkennen, dass Elaine White nie die Würde, das Wohl und die zu erwartende Lebensqualität der betroffenen Menschen aus dem Auge verloren hat. Im Gegenteil: in ihren Beobachtungen, Vorschlägen und Anmerkungen geht es immer und ausschließlich um den «Menschen» mit all seinen Facetten und Eigenheiten. Rosa von Praunheims Verdikt «Nicht der

Homosexuelle ist pervers, sondern die Situation, in der er lebt» trifft, leicht verändert, in gewisser Weise auch auf Menschen mit Demenz zu. Nicht der an Demenz erkrankte Mensch ist verrückt, sondern die Situation, in der er lebt. Wir, die (noch) nicht Betroffenen, müssen unseren Blickwinkel ändern, nicht der alte Mensch. Nicht er verliert seine Würde, sondern wir lassen es zu, dass sie ihm genommen wird, indem wir leugnen, dass es unsere eigene Problematik ist, die uns beschämt, dass es unser eigenes Tabu ist, vor dem wir uns fürchten. Gerade wir in der Pflege sind es dem, zurecht geforderten «ganzheitlichen» Pflegeansatz schuldig, sich mit den schwierigen Details unserer Arbeit, mit dem (kranken) Menschen auseinander zu setzen. Das Problem ist aber, dass wir nicht darauf vorbereitet wurden (weil es als nicht so wichtig erachtet wurde/ wird) und wir deswegen einfach nicht so recht wissen, wie wir mit Sexualität in der Pflege umgehen sollen. Ignorieren? Kommentieren? Thematisieren? – Elaine White ist eine Vorreiterin auf diesem Gebiet. Befreiend «schonungslos» spricht sie ein Thema an, über das eher getuschelt und abschätzend gelacht wird, das einfach ignoriert und im schlimmsten Fall sogar durch «Gewalt» verhindert wird. Während des Lesens werden Situationen heraufbeschworen, die eigentlich jede Pflegekraft im Umgang mit an Demenz erkrankten Menschen so oder ähnlich erlebt hat. Allein dieses «Aha-Erlebnis» ist sehr befreiend und spricht gleichzeitig von «Schuld» frei, vielleicht sogar für beide Betroffene – Pflegende und den Menschen mit Demenz. Indem die Pflegeperson medizinische und biographische Zusammenhänge in Bezug auf Sexualverhalten bei Demenz erkennt und versteht, kann sie gleichzeitig ihr Handeln hinterfragen, korrigieren und gegebenenfalls anpassen, zum Wohle beider. Letztendlich führt eine derartige Handlungsweise zu einem «stressfreieren» Arbeitsalltag für Pflegende und Betroffene und damit zu einer höheren Arbeitszufriedenheit bzw. einer höheren Lebensqualität.

Ich persönlich war sehr berührt von diesem Buch. Ein wahrer «eyeopener», wie ich finde, mit Klarblick und Weitsicht. Es sollte auf jeder weiterführenden Buchliste zum Thema Demenz an exponierter Stelle stehen. Es war eine große Freude, dieses Buch für den deutschsprachigen Raum zu bearbeiten. Ich hoffe sehr, dass diese Freude von vielen Leserinnen und Lesern, die sich mit diesem Thema beschäftigen wollen, sei es beruflich, sei es als Angehörige, geteilt wird.

Peter Offermanns, im April 2013

Geleitwort zur englischsprachigen Ausgabe

Die Alzheimer-Konferenz, die 2007 in Perth, Australien, stattfand, war großartig. Es waren viele herausragende Redner dabei und parallel dazu fanden hoch interessante Veranstaltungen statt. Zu den besten Rednern gehörte Elaine White. Sie sprach über problematisches sexuelles Verhalten speziell in Pflegeheimen. Sie strahlte eine Kompetenz aus, die mich sofort überzeugte. Elaine White ist eine Pflegeperson mit sehr viel Erfahrung, die seit vielen Jahren als Ausbilderin und Beraterin tätig ist und versucht, die Mitarbeiter in Pflegeheimen über die sexuellen Bedürfnisse von Menschen mit Demenz aufzuklären. Sie ist souverän und sicher im Umgang mit dem Thema und vertritt die Auffassung, dass Aufklärung über demenzbedingte Hirnschäden und fundiertes Wissen über die betroffenen Menschen und ihr Verhalten helfen können, in den meisten Fällen eine Lösung herbeizuführen. Ihre Sitzungsunterlagen wurden durch überzeugende Beispiele aus ihrer praktischen Arbeit untermauert. Bei unserem Gespräch nach der Sitzung riet ich ihr dringend, ein Buch zu schreiben, weil es kaum Literatur über diesen Aspekt der Demenzpflege gibt. Sie stimmte zu und ich stellte Kontakt zu Richard Hawkins her, dem Gründer von Hawker Publications. Richard besuchte Elaine während seines Aufenthalts in New South Wales, um die Bedingungen im Zusammenhang mit dem Buch zu klären.

In der Zwischenzeit sind wir gute E-Mail-Freundinnen geworden, weil ich versucht habe, ihr die Unterstützung zu geben, die sie als neue Autorin brauchte. Im Jahre 2009 besuchte sie das Vereinigte Königreich, wo sie anlässlich einer DSDC-Konferenz in York einen Vortrag hielt. Nach der Konferenz verbrachte sie einige Zeit bei mir in Edinburgh. Meine Bewunderung für sie wuchs immer mehr, weil sie das Buch trotz Krankheiten und Unfällen fertig gestellt hat.

Das Buch ist jede noch so kleine Unterstützung von meiner Seite und jede noch so große Anstrengung von ihrer Seite wert. Ich finde es enorm hilfreich und bin überzeugt, dass sowohl professionelle Betreuer in der Demenzpflege als auch Angehörige davon profitieren werden. Es ist sehr direkt geschrieben, gut gegliedert und basiert auf eigenen Erfahrungen. Besonders informativ sind die Fallstudien. Das Buch ist leicht zu lesen und kommt ohne Fachbegriffe aus. Die Autorin präsentiert Problemlösungswege, die sich als erfolgreich erwiesen haben. Ich bin froh, dass ich einen kleinen Teil dazu beitragen konnte, Elaines Erfahrungen der Öffentlichkeit zugänglich zu machen, damit sie Menschen mit Demenz überall auf der Welt zugutekommen.

Professor Mary Marshall

Einleitung

Das Thema Sexualität und Demenz ist mit einer Fülle von Irrtümern, falschen Vorstellungen und negativen Einstellungen behaftet. Sowohl primäre (Ehepartner, Partner und/oder Familienmitglieder) als auch professionelle Betreuer können es nur schwer akzeptieren, dass Menschen, die Demenz haben, ihre sexuellen Bedürfnisse und Neigungen ausleben. Oft werden Betreuer mit peinlichen Situationen konfrontiert. Sie finden diese Aktivitäten meistens abstoßend und wissen nicht, ob sie sie missbilligen oder unterstützen sollen.

Meine zwanzigjährige Erfahrung als klinische Pflegeberaterin in der Geriatrie und Lehrende im Bereich der Pflege älterer Menschen hat mich veranlasst, nach Lösungen zu suchen und mich auf diesem Gebiet zu spezialisieren. Schon zu Beginn meiner klinischen Tätigkeit fiel mir auf, dass nur wenige primäre und professionelle Betreuer über die Kenntnisse und Fähigkeiten verfügen, die sie brauchen, um Menschen mit Demenz zu helfen, ihre unerfüllten sexuellen Bedürfnisse auf angemessene Art zum Ausdruck zu bringen.

Dieses Buch soll Betreuern, die im Bereich der Akutversorgung, in Sozialstationen oder Pflegeeinrichtungen arbeiten, praktische Anleitungen geben, damit sie Menschen mit Demenz helfen können, ihre Sexualität auf angemessene Art und Weise auszudrücken und in der Lage sind, auf wahrgenommenes heikles oder problematisches sexuelles Verhalten angemessen zu reagieren.

Das Buch ist in drei Teile gegliedert. Der erste Teil, «Die Situation», untersucht die Bedeutung der Sexualität mit all ihren Facetten. Im weiteren Verlauf wird die allgemeine Einstellung gegenüber dem Alter erörtert. Diese beiden Faktoren tragen einen Großteil zu den Irrtümern und falschen Vorstellungen bei, die der Pflege im Wege stehen. Im Buch wird durchgängig auf ähnliche Einstellungen und Probleme hingewiesen, die häufig auch im Zusammenhang mit gleichgeschlechtlichen Partnern anzutreffen sind.

Am Ende des ersten Teils geht es um enthemmtes Verhalten, das durch eine Schädigung des Stirnhirns verursacht wird, die dazu führt, dass die Betroffenen sämtliche Anstandsregeln vergessen. Des Weiteren werden die Auswirkungen häufig auftretender Schädigungen oder Funktionsstörungen in den anderen Hirnarealen beschrieben, die das Verhalten der Betroffenen beeinflussen können.

Auch an die primären Betreuer ist gedacht. Viele Dinge, die in dem Buch angesprochen werden, gelten auch für ihre Situation zu Hause. Aber ich weiß, dass primäre Betreuer Herausforderungen zu bewältigen haben, denen professionelle Betreuer im Bereich der Akutversorgung oder in Pflegeeinrichtungen nicht begegnen. Der zweite Teil, «Beziehungen aufbauen und vertiefen», enthält ein Kapitel, das diese Herausforderungen thematisiert und aufzeigt, wie professionelle Betreuer die primären Betreuer unterstützen und mit ihnen Hand in Hand arbeiten können. Ein anderes Kapitel stellt ein praxiserprobtes Pflegemodell vor, mit dem es gelingt, zu primären Betreuern, die peinlich berührt oder beunruhigt sind, Kontakt aufzunehmen. Den Abschluss dieses Teils bildet ein Kapitel über ethische Probleme. Es geht der Frage nach, ob Menschen mit Demenz in der Lage sind, ihre «entscheidungsspezifische» Zustimmung zu intimer Sexualität zu geben.

In allen Kapiteln wird durchgängig auf die Bedeutung der Aufklärung verwiesen, die helfen kann, die Kenntnisse und Fähigkeiten sowie die Sensibilität und die Kommunikationsmöglichkeiten der professionellen und primären Betreuer zu verbessern.

Der letzte Teil des Buches, «Die Suche nach Lösungen», präsentiert einen Weg zur Identifizierung, Diagnose und Lösung der wahrgenommenen Probleme. Dabei stehen die Lebensgeschichte und die sexuellen Gewohnheiten der Menschen mit Demenz im Mittelpunkt, denn sie bilden die Grundlage für die Entwicklung und Implementation kreativer, personenzentrierter, lebensverbessernder Strategien. Diese sollen den betroffenen Menschen helfen, ihre Sexualität auf individuelle und angemessene Art zum Ausdruck zu bringen. Es werden außerdem Möglichkeiten zur Korrektur des unangemessenen Verhaltens beschrieben, die die Würde und das Wohlbefinden der Betroffenen schützen und ein positives Ergebnis ermöglichen.

Um auf bestimmte Probleme oder Situationen und erfolgreiche Strategien aufmerksam zu machen, habe ich einige der zahlreichen Geschichten der Menschen, denen ich helfen sollte, als Beispiele benutzt. Zum Schutz ihrer Privatsphäre wurden die persönlichen Daten verändert. Ich schulde diesen Menschen und ihren Familien Dank für die Erkenntnisse, die sie mir und hoffentlich auch den Lesern ermöglicht haben.

Das letzte Kapitel macht deutlich, dass die mit der Implementation von Veränderungen einhergehenden Herausforderungen und Schwierigkeiten durch Aufklärung überwunden werden können. Es wird gezeigt, dass Aufklärung eine zentrale Rolle spielt, wenn es darum geht zu verstehen, dass Menschen mit Demenz individuelle und lebendige sexuelle Wesen sind und es bis zu ihrem Lebensende bleiben.

Mir ist bewusst, dass einige Leser Probleme mit bestimmten Textpassagen haben werden und sich aufgrund eigener Erfahrungen mit Beziehungen und aufgrund ihrer kulturellen oder religiösen Überzeugungen von meinen Problemlösungsstrategien distanzieren oder sie sogar ablehnen werden. Ich möchte niemandem zu nahe treten, aber meine klinische Erfahrung ist der beste Beweis, dass mein Problemlösungsansatz erfolgreich ist. Er hat vielen Menschen mit Demenz zu einem ausgeglicheneren und zufriedeneren Leben verholfen. Ich wünsche mir, dass die Leser in diesem Buch eine passende Strategie für die unerfüllten sexuellen Bedürfnisse eines Betroffenen finden, und wenn dies gelingt, hat das Buch sein Ziel erreicht.

Elaine White, New South Wales, Australia, September 2010

Teil I – Die Situation

«Grow old along with me
The best is yet to be»

[«Werd alt zusammen mit mir,
das Beste kommt erst noch»]

Robert Browning

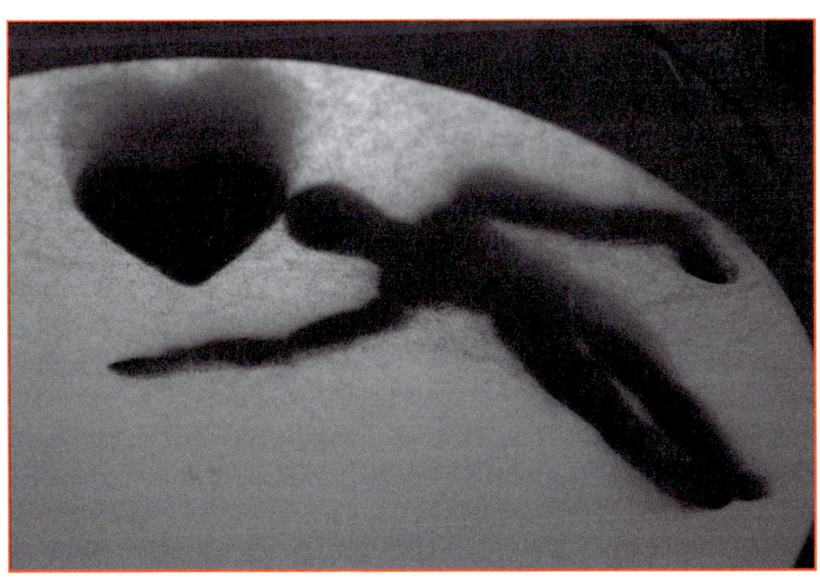

1 Definition des Begriffs Sexualität: Sexualität und ihre eigentliche Bedeutung

Dieses Kapitel zeigt, dass Sexualität mehr ist, als Sex. Es beschreibt Sexualität als ein Konzept mit vielen Facetten, deren Zusammenspiel die mit der menschlichen Sexualität einhergehenden Schwierigkeiten und Einstellungen prägt.

> «Sexualität: Ein zentraler, lebenslang wirksamer Aspekt des menschlichen Lebens. Sexualität umfasst Sex, Gender, Identitäten und Rollen, sexuelle Orientierung, Erotik, Vergnügen, Intimität und Reproduktion.»
>
> *World Health Organisation (2006)*

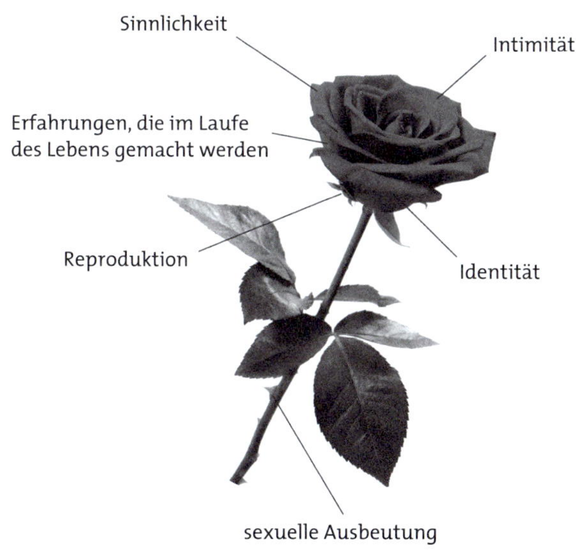

Die meisten Menschen assoziieren den Begriff Sexualität entweder mit dem weiblichen oder männlichen Geschlecht oder mit dem rein körperlichen Akt zwischen zwei Menschen. Dabei beinhaltet der Begriff sehr viel mehr. In ihrer weiter gefassten Definition präsentieren Blanch et al. (1990) «Sexualität als schöne Blume».

Ich habe das Bild von Blanch et al. aufgegriffen und eine Rosenknospe daraus gemacht. Wenn die prachtvolle Rosenknospe sich entfaltet, werden ihre Blütenblätter und damit die vielen Facetten der «Sexualität» sichtbar:

- Sinnlichkeit;
- Intimität;
- Identität;
- Erfahrungen, die im Laufe des Lebens gemacht wurden;
- Reproduktion.

Weiter unten am Stängel befindet sich die dornige «dunkle» Seite der schönen Rosenknospe, ihre verborgenen Facetten in Form

- sexueller Ausbeutung.

Jeder Teil der voll entfalteten Rose entspricht dem Stück eines Puzzlespiels, das zusammen mit den anderen «die Gesamtheit» der menschlichen Sexualität ausmacht. Die Einstellung gegenüber der eigenen Sexualität hängt davon ab, ob die Blütenblätter der Rose für positive oder negative Erfahrungen stehen. Zur Erläuterung des Konzepts werden die einzelnen Blütenblätter und ihre Bedeutung im Folgenden beschrieben.

1.1 Sinnlichkeit

Sinnlichkeit ist mehr als nur sinnlicher Genuss. Es ist auch die Fähigkeit unseres Gehirns, das unsere körperlichen Empfindungen steuert, die Informationen unserer fünf wichtigsten Sinne wahrzunehmen, zu interpretieren und zu beantworten:

- Geruchssinn
- Tastsinn

- Geschmackssinn
- Gesichtssinn
- Gehörsinn.

Einige Menschen haben einen bevorzugten Sinn, der einen Einfluss darauf hat, wie sie sich anderen präsentieren, z. B. durch den Geruch ihres Körpers, das Parfüm, das sie benutzen, die Art, wie sie kommunizieren oder die Kleidung, mit der sie andere auf sich aufmerksam machen. Manche Menschen wirken sinnlicher oder körperbewusster als andere; Frauen tragen knapp sitzende Kleider oder kurze Röcke, Männer enge Jeans oder vorn aufgeknöpfte Hemden. Die Art, wie man sich präsentiert, hängt meistens davon ab, mit wem man zusammen ist oder wessen Aufmerksamkeit man auf sich ziehen will.

Jeder Mensch reagiert anders auf angenehme Reize. Einige Menschen berauschen sich an dem Duft von Gardenien oder an dem Parfüm einer anderen Person, andere an dem Duft gebratener Speisen oder dem Sprühnebel des Salzwassers bei einem Strandspaziergang, während sie den Wind in ihren Haaren und den Sand unter ihren Füßen spüren.

Es gibt eine Fülle von angenehmen Reizen – ein großartiger Sonnenuntergang, ein imposanter Wasserfall, das Gesicht eines geliebten Menschen oder die Geräusche der Vögel in den raschelnden Baumwipfeln. Für einige Menschen ist ein Candle-Light-Dinner und stimmungsvolle sanfte Musik ein sinnliches Erlebnis. Ihr Gesichtssinn und ihr Gehörsinn werden ebenso stimuliert wie ihr Geschmackssinn durch das gute Essen und die guten Getränke, wie z. B. Champagner, Erdbeeren und Schokolade.

Manche Menschen mögen auch Dinge, die ein wohliges Gefühl auslösen. Es ist angenehm, sich von einem anderen die Haare bürsten zu lassen, Samt oder Seide zu berühren oder in Satinbettwäsche zu schlafen, in einem warmen Bad zu sitzen oder sich den Körper mit wohlriechendem Öl massieren zu lassen.

Der Tastsinn hat eine starke Wirkung und weckt, besonders wenn er durch Küssen, Umarmen, Kuscheln, Streicheln oder Liebkosen (sich selbst oder einen anderen) stimuliert wird, körperliches Verlangen. Manche Menschen befriedigen ihre sinnlichen Bedürfnisse durch das Anschauen von aufreizendem erotischem Material, die Nay (2004) als «einschlägige Zeitschriften und Filme» bezeichnet. Dieses Verlangen kann zwischen zwei Menschen zu einvernehmlicher leidenschaftlicher körperlicher Liebe oder zu Selbstbelohnung in Form von Masturbation führen. An dieser Stelle berührt die Sexualität den Bereich der Intimität.

1.2 Intimität

Alle Menschen haben das Bedürfnis nach Nähe und versuchen, der Einsamkeit zu entgehen; dieses Bedürfnis veranlasst sie, nach einem passenden Intimpartner oder «Seelenverwandten» zu suchen. Laut Alzheimer's Australia, Vic. (2008) beinhaltet Intimität auf körperlicher Ebene «fürsorgliche Berührung, Geben und Empfangen von Liebe und Zuneigung und Austausch von Gefühlen».

Nach Moss et al. (1993) hat Intimität fünf Ebenen:

- Bindung: Gefühl von Nähe, Zusammenhalt und Verbundenheit
- Affektive Intimität: Fürsorglichkeit, Mitgefühl und Rücksichtnahme
- Kognitive Intimität: Austausch und gleiche Wahrnehmungen, was andere Menschen, Informationen, Werte und die Ziele der Beziehung betrifft
- Körperliche Intimität: körperliche Nähe von Körperkontakt bis hin zu Geschlechtsverkehr
- Gegenseitigkeit: Prinzip des Gebens und Nehmens.

Während die drei ersten Ebenen von Moss keiner weiteren Erläuterung bedürfen, bedeutet die vierte Ebene – körperliches Nähe – für die meisten Menschen nicht nur die Vereinigung zweier Körper, sondern auch eine tiefe emotionale Erfahrung der Verbundenheit. Für Greengross et al. (1989) ist «intimer Körperkontakt mehr als genitale Erregung; er vermittelt auch Sicherheit und Trost und ist eine Gelegenheit, Liebe und Zärtlichkeit auszudrücken, Freud und Leid zu teilen, Dinge, über die am Tage meistens nicht gesprochen wird.»

Es sollte jedoch erwähnt werden, dass dies nicht für alle Menschen gilt. Körperliche Intimität kann auch völlig emotionslos sein und nach Nay (2004) nur diesen einen Zweck haben: «Abbau sexueller Spannungen mit einer Sexualbegleiterin.» Solche Kontakte dienen der sexuellen Entspannung und Befriedigung.

Gegenseitigkeit, die fünfte Ebene, bedeutet Respekt und Vertrauen gegenüber dem Partner. Vertrauen in einer Beziehung schenkt Sicherheit und Schutz, Trost und Beruhigung, «eine Schulter zum Anlehnen» in schwierigen Zeiten.

Gegenseitigkeit bedeutet auch Wohlgefühl und körperliches Verlangen; es geht darum, sich einem anderen Menschen zu offenbaren und sich ihm hinzugeben. Ältere Ehepartner beispielsweise, die ihr Leben miteinander verbracht haben, sich respektieren, wissen, was dem anderen Vergnügen bereitet, ihn sexuell erregt und befriedigt, haben keine Hemmungen wegen ihrer alternden Körper. Die Vertrautheit ihrer intimen Beziehung und die daraus resultierende Freiheit führen dazu, dass körperliche sexuelle Aktivitäten nach der Menopause, zu einem natürlichen Bestandteil ihres Lebens werden.

Die Studie von Kuhn (2002) kommt zu dem Schluss: «Wahrscheinlich hält das Bedürfnis nach Intimität bis zum Lebensende an.» Dies bedeutet, der Tod eines Partners kann sexuell und emotional eine große Lücke im Leben eines Menschen hinterlassen. Daher verspüren einige Menschen das Bedürfnis, auf die Suche nach anderen Intimpartnern zu gehen.

1.3 Identität

Das ganze «Konzept Sexualität» dreht sich um Identität: die Identität der Person, ihre Persönlichkeit. Bancroft (2009) schreibt: «Sie beinhaltet die ganze Skala der Selbstwahrnehmung; Selbstwertgefühl, Beziehungen zu anderen, Rollen, die wir ausüben oder die uns übertragen werden.» Deshalb ist es auch bei älteren Menschen wichtig herauszufinden, «wer» sie in ihrer Lebensgeschichte waren.

Ältere Menschen verfügen über viel Lebenserfahrung, unabhängig davon, ob sie männlich oder weiblich, heterosexuell, homosexuell, bisexuell, transsexuell oder Transvestiten sind. Sie können verschiedene Funktionen und Rollen haben; White (2010) nennt folgende Rollen:

- Sohn/Tochter, Enkelkind und Bruder/Schwester
- Freund, Student, Angestellter und Kollege

- Freund/Freundin, Geliebter, Verlobter und Ehepartner/Partner
- Elternteil, Nachbar, Bürger, Vertrauter, Großelternteil und Rentner.

Diese Rollen vermischen sich, da sie im Laufe des Lebens wechseln. Laut Nay et al. (2007) haben Menschen auch «eine Geschichte, einen Kontext, eine Familie, Ziele und Stärken». Zudem wird Identität durch religiöse und kulturelle Überzeugungen sowie veränderliche Persönlichkeitsmerkmale geprägt. Soziales Auftreten und Verhalten, Erfahrungen, Leistungen, Enttäuschungen und die daraus gewonnenen Erkenntnisse sowie der auf andere ausgeübte Einfluss – all dies macht einen Menschen zu dem, was er ist.

Hajjar et al. (2004) schreiben: «Da ein enger Zusammenhang zwischen sexueller Identität und Selbstwertgefühl besteht, beeinträchtigt eine Verneinung der Sexualität nicht nur das Sexualleben, sondern auch das Selbstbild, die sozialen Beziehungen und die psychische Gesundheit.»

In der Außenwelt werden die Identität und die Persönlichkeit eines Menschen maßgeblich von seinem äußeren Erscheinungsbild bestimmt. Dazu gehört ein gepflegtes Aussehen – bei den Frauen eine attraktive Frisur, manikürte Nägel und Make-up und bei den Männern ein glatt rasiertes Gesicht und glänzende Schuhe. Kleidung, Auftreten, Verhalten, bevorzugte Farben, Speisen, der Lebensstil sowie körperliche sexuelle Vorlieben spielen dabei eine Rolle.

In den meisten Fällen wird die berufliche Identität entscheidend durch die Berufswahl, z. B. Lehrer, Tischler, Pflegeperson, Buchhalter, eines Menschen geprägt. Selbst wenn er aus dem Berufsleben ausgeschieden ist, bleibt dieser Aspekt der Identität ein integraler Bestandteil seiner Persönlichkeit und wird bis an sein Lebensende Teil seiner Identität sein.

Genauso ist es, wenn ein Mensch sich immer als «Lover» wahrgenommen und ein aktives Sexualleben geführt hat. Unabhängig davon, was die Jüngeren denken, wird er diese Aktivitäten auch weiterhin fortsetzen wollen und der Wunsch danach bleibt Teil seiner Persönlichkeit, auch wenn er älter ist oder Demenz hat. Aktivitäten wie streicheln, schmusen, küssen, sich dem anderen hingeben, Vergnügen schenken und empfangen stehen nicht nur im Einklang mit den beiden Konzepten «Sinnlichkeit» und «Intimität», sondern sie stärken auch die Identität der Person, die er jetzt ist.

1.4 Erfahrungen, die im Laufe des Lebens gemacht wurden

Wo und wie ein Mensch sexuell aufgeklärt wurde, prägt in hohem Maße seine Wahrnehmung von und Einstellung gegenüber sexuellem Verhalten. Mitglieder eines Pflegeteams, die die Ursache ihrer positiven oder negativen Einstellung gegenüber sexuellem Verhalten herausfinden wollen, sollten überlegen, wie sie als Jungendliche aufgeklärt wurden:

- Von den Eltern, Geschwistern, Freunden oder im Schulunterricht?
- Konnten die Eltern unbefangen über Sexualität sprechen oder haben sie sich unwohl dabei gefühlt?
- Haben Mutter und Vater unterschiedliche Signale ausgesendet?
- Welche moralischen Normen und Überzeugungen hatten die Eltern?
- Welche Beispiele haben die Eltern gegeben?
- Erfolgte die sexuelle Aufklärung unter Gekicher und Geflüster, in Form von versteckten Andeutung oder abfälligen Bemerkungen in den Schultoiletten?
- Erfolgte die sexuelle Aufklärung durch die Medien, durch Bücher, Zeitschriften oder Filme?
- Gab es Vorurteile aufgrund religiöser oder kultureller Überzeugungen?
- Gab es im Umfeld Vorurteile oder Vorbehalte gegenüber Themen wie Sex vor der Ehe, Abtreibung, alleinerziehende Mütter, gleichgeschlechtliche oder bisexuelle Partner, Transsexuelle oder Transvestiten?
- Gab es unerwünschte sexuelle Annäherungsversuche, besonders in der frühen Kindheit?

Bei einigen beginnt die sexuelle Aufklärung schon sehr früh. Es kommt häufig vor, dass kleine Mädchen und Jungen sich gegenseitig untersuchen, nach dem Motto «Zeig du mir deins, dann zeig ich dir meins». Es hängt sehr viel davon ab, wie die menschliche Sexualität erklärt und wie sorgsam und natürlich darüber gesprochen wird.

Wird erklärt, dass Sexualität Teil einer respektvollen und dauerhaften Beziehung zwischen zwei Menschen ist, entwickelt sich eine positive Einstellung. Wird Sexualität tabuisiert, mystifiziert oder als etwas dargestellt, über das man nicht spricht oder das man nur tut, um Kinder zu bekommen, kann sich eine negative Einstellung entwickeln.

Es muss allerdings berücksichtigt werden, dass kulturell und sprachlich unterschiedliche Kontexte einen Einfluss darauf haben, wie Sexualität wahrgenommen und ausgedrückt wird. Einflüsse dieser Art sollten beim Thema Sexualität immer in Betracht gezogen werden.

Seit einiger Zeit werden junge Menschen vor «Gefahren durch Fremde» gewarnt; Lehrer können Kinder nicht mehr berühren, tröstende Umarmungen auf dem Schulhof oder in der Klasse bleiben aus, wenn ein Kind sich verletzt hat. Zwar sind die Gründe für diese Vorsicht durchaus nachvollziehbar, doch es besteht die Gefahr, dass die Botschaft letztendlich zur Folge hat, dass sich eine Abneigung dagegen entwickelt, andere zu berühren, Berührung und Nähe zuzulassen oder sich auf eine enge Beziehung einzulassen.

Angesichts der steigenden Scheidungsraten sehen einige Kinder ihre Eltern mit verschiedenen Partnern. Kinder, die nur solche Beispiele kennen, lassen sich als junge Erwachsene möglicherweise nur auf kurzfristige Beziehungen oder One-Night-Stands ein, wo die Benutzung von Kondom oder Pille im Vordergrund steht und Nähe keine Rolle spielt. Einige junge Menschen finden es dann vielleicht ganz normal, den Abend mit Sex ausklingen zu lassen. Das Problem ist jedoch, dass eine Beziehung ohne Achtung und Zärtlichkeit dazu führen kann, dass sie Sex irgendwann verabscheuen.

Viele junge Menschen glauben, nur sie hätten in ihrem Leben den Sex erfunden! Völlig falsch! Dennoch entsetzt sie die Vorstellung, dass ältere Menschen Sex haben. Es besteht jedoch die Hoffnung, dass junge Menschen, die über die Bedürfnisse älterer Menschen aufgeklärt sind, schließlich die Einsicht des berühmten Autors und Dichters Somerset Maugham teilen: «Das Alter hat seine Freuden, die zwar anders, aber nicht geringer sind als die Freunden der Jugend.»

1.5 Reproduktion

Mir ist bewusst, dass Reproduktion ein sehr wichtiger Aspekt der menschlichen Sexualität darstellt. Dennoch wird er in dem Buch ausgeklammert, nicht weil er unwichtig ist, sondern weil für ältere Menschen das Thema Reproduktion meistens keine Bedeutung mehr hat. Für sie ist es wichtig, alle die Aspekte der Sexualität und intimen Beziehungen zu erhalten, die ihr Wohlbefinden und ihre Lebensqualität verbessern.

1.6 Sexuelle Ausbeutung

Sexuelle Ausbeutung ist der dornige, dunkle Teil der Rose. Hierher gehören unerlaubte Praktiken wie Pornografie, Inzest, Pädophilie, Vergewaltigung, sexueller Missbrauch sowie sexuelle Sklaverei und Folter. In einige Kulturen ist die Beschneidung von Mädchen immer noch üblich, obwohl dies den Überzeugungen vieler anderer Kulturen widerspricht, die diese Praxis als Verstümmelung des weiblichen Genitals verstehen. Es ist daher kein Wunder, dass wir im Laufe unseres Lebens Vorurteile und negative Einstellung gegenüber diesen abscheulichen Praktiken entwickeln.

In den letzten Jahren trauen sich immer mehr Menschen, offen über sexuellen Missbrauch in ihrer Kindheit zu berichten. Diese Geschichten sind oft viele Jahre verschwiegen worden. Häufig nutzen die Täter ihre Vertrauensposition aus, um Inzest und Pädophilie zu praktizieren oder Kindern pornografisches Material zu zeigen. Dabei handelt es sich um Familienmitglieder, Freunde oder auch um bei dem Elternteil lebende Partner. Die Täter können auch vertrauenswürdige Mitglieder der Kirchengemeinde oder Jugendgruppe sein, wie Gerichtsfälle und Medienauftritte in jüngster Zeit gezeigt haben. Meistens hält der Täter die Kinder oder Teenager dazu an, dem Elternteil oder den Eltern nichts von seinen Machenschaften zu erzählen. Im Laufe der Zeit entwickeln sich in der Psyche des Kindes Schuld- und Schamgefühle und verursachen dauerhafte psychische Schäden.

Eine Vergewaltigung ist ein gewalttätiger Übergriff, eine Entwürdigung des Köpers eines anderen Menschen; sie gehört in die Hände der Polizei. Von Vergewaltigungen sind nicht nur junge Menschen betroffen. Wie aus Polizeiakten hervorgeht, sind die Opfer auch gebrechliche ältere Menschen und solche, die Demenz oder eine Behinderung haben. Die Täter haben häufig eine Vertrauensposition (O'Neill, 2006). Bei den Opfern bleiben Gefühle von Zerstörung, Abscheu und Ekel zurück. Sie fühlen sich als Person entwürdigt und entwertet. Nach Nay (2007) «fühlen sich die Opfer schmutzig, schuldig, niedergeschlagen und lehnen eine gesunde sexuelle Beziehung ab». Über ähnliche Gefühle berichten sogenannte «wartime comfort women»; diese Frauen wurden während des 2. Weltkriegs in Bordellen für Soldaten zur Prostitution gezwungen. Natürlich trugen auch sie psychische Schäden davon.

Kriegsberichte in den Medien haben uns über die Jahre auf viele Fälle von sexueller Gewalt, Folter oder andere Praktiken aufmerksam gemacht, die dazu dienen, Menschen zu erniedrigen. Zum Entsetzen von Kriegsverbrechertribunalen wird sexuelle Folter oft eingesetzt, um Macht und Kontrolle zu demonstrieren und um Kriegsgefangene und die Bürger der vom Feind unterworfenen und besetzten Länder zu demütigen. Das Leid der Opfer, das sie ihr Leben lang quält, ist unvorstellbar.

Die Einstellung der professionellen Betreuer gegenüber der eigenen Sexualität und der Sexualität der von ihnen zu betreuenden Menschen hängt von ihrer Einstellung, ihren Moralvorstellungen und Verhaltensnormen ab, die wiederum von den Erlebnissen oder Erfahrungen bestimmt werden, die sie im Laufe ihres Lebens gemacht haben. Wer andere Menschen pflegt, sollte unvoreingenommen an seine Aufgabe herangehen. Dies könnte für Betreuer, die selbst sexuell ausgebeutet wurden, schwierig sein. Menschen, die von unerwünschten Erinnerungen geplagt werden, fällt es sicher nicht leicht, einen Menschen zu betreuen, dessen sexuelles Verhalten sie als unangemessen empfinden. In solchen Fällen ist es sowohl für den Betreuer und als auch für die Person, die sich unangemessen verhält, besser, den Vorgesetzten zu bitten, einen Kollegen mit der Betreuung dieses Menschen zu beauftragen. Dies verbessert für alle Beteiligten die Atmosphäre am Arbeitsplatz.

Zum Abschluss dieses Kapitels sei auf ein Zitat von Hajjar et al. (2004) hingewiesen, wonach Sexualität «ein von der Geburt bis zum Lebensende andauerndes Grundbedürfnis des Menschen ist». Der Vergleich der einzelnen Aspekte der Sexualität mit einer Rose, in diesem Fall einer Rose, die nicht verwelkt, soll darauf aufmerksam machen, dass die sexuellen Wünsche und Bedürfnisse das ganze Leben andauern und für ältere Menschen genauso wichtig sind wie für junge. Des Weiteren soll gezeigt werden, dass Sexualität mehr ist als ein körperlicher Akt.

Die geöffneten Blütenblätter stehen für die vielen sich gegenseitig beeinflussenden Aspekte, die die menschliche Sexualität ausmachen. Es kommt vor, dass Menschen mit Demenz vergessen oder Schwierigkeiten haben, ihre Sexualität auf angemessene Weise zum Ausdruck zu bringen, besonders in den Bereichen «Sinnlichkeit», «Intimität» und «Identität». Die Planung der Pflege und die Implementation individualisierter Strategien, die das Leben verbessern und diese Defizite ausgleichen, werden in Teil III, «Die Suche nach Lösungen», erörtert. Es wird in diesem Buch auch immer wieder gezeigt werden, dass Sexualität, genau wie eine Rose, die nicht welkt, auf die eine oder andere Art im Leben eines jeden Erwachsenen eine feste Größe ist.

2 Entmystifizierung und Veränderung von Einstellungen

Dieses Kapitel untersucht, woher die in der Öffentlichkeit kursierenden negativen Vorurteile zum Thema Sexualität und Menschen mit Demenz stammen. Es widerlegt viele irrige Annahmen und falsche Vorstellungen, die Betreuer entwickeln, wenn sie mit unangemessenem sexuellem Verhalten konfrontiert werden.

> «Viel wichtiger als das Alter ist ein kreativer Geist, der das ganze Leben lang aktiv bleibt. Menschen, die über sechzig, siebzig oder vielleicht sogar achtzig sind, werden als die Personen wahrgenommen, die sie sind, als Leute im Rentenalter. Man macht sich nur selten klar, dass sie viel Lebenserfahrung haben und genauso stark und gescheit und fähig waren wie man es für sich selbst in Anspruch nimmt.»
>
> *Brad Pitt, Los Angeles Times (2009)*

Sexualität ist tief im menschlichen Leben verankert und bleibt bis ins hohe Alter erhalten.

Über das Thema Sexualität wird so gut wie gar nicht gesprochen, nicht weil es unwichtig ist, sondern weil es dem Pflegepersonal peinlich ist. Trotzdem machen die Betreuer häufig versteckte Anspielungen und kichern bei der Vorstellung, dass Menschen mit Demenz eine intime sexuelle Beziehung haben. Menschen mit Demenz, die ihre sexuellen Wünsche oder Bedürfnisse offen ausleben, werden verächtlich angesehen. Diese negative Einstellung kann sich ausbreiten wie Wellen im Wasser und die Betroffenen diskriminieren, die oft als «schmutziger alter Mann» oder «schmutzige alte Frau» wahrgenommen und bezeichnet werden – eine Bezeichnung, die oft haften bleibt! Die negative Einstellung gegenüber solchen sexuellen Aktivitäten deckt sich häufig mit der Einstellung gegenüber Alter und Behinderung.

Sexualität wird von jeher mit jüngeren Menschen in Verbindung gebracht, besonders mit solchen, die schön, gebräunt, schlank, sexy, aktiv und faltenfrei sind. Dieses Image wird von der Werbung in den Medien und in trendigen Zeitschriften kultiviert. Werden dagegen ältere Menschen gezeigt, noch dazu im Kontext von Sexualität, haftet dem Image, ungeachtet der Tatsache, dass das Alter die Schönheit verändern, aber nicht zerstören kann (Kastenbaum, 1979), fast immer etwas Negatives an. Laut Minichiello et al. (2005) sind es solche negativen Bilder, die «einen starken Einfluss auf die Einstellung der Gesellschaft gegenüber älteren Menschen ausüben und die Auffassung, diese seien sexuell inaktiv (oder sollten es zumindest sein), zementieren. Folglich gelten in der Gesellschaft ältere und behinderte Menschen im Allgemeinen als Asexuelle, die keinerlei Interesse an sexuellen Aktivitäten haben. Daraus wird der Schluss gezogen, das Thema Sexualität werde mit zunehmendem Alter immer unwichtiger. Die Studie von Ellis et al. (2005) stützt die Auffassung, dass «die Sexualität älterer Menschen immer noch mit vielen Klischees behaftet ist und weitgehend stigmatisiert und geheim gehalten wird».

Die Geheimhaltung ist noch strikter, wenn die sexuelle Vorliebe in Richtung Homosexualität geht. Nach Birch (2009) «wurden viele Lesben und Schwule zu einer Zeit erwachsen, als Homosexualität als widernatürlich, falsch, abartig galt und entsprechend diskriminiert wurde». Birch führt weiter aus, dass «gleichgeschlechtlichen Partnern in der Vergangenheit vorgeworfen wurde, in Sünde zu leben und dass man sie zwang, ihr verwerfliches Leben zu bereuen. Es kam vor, dass ihnen eine Therapie – oft eine Aversionstherapie – aufgezwungen wurde, um sie von ihrer «Geisteskrankheit» zu heilen. Für die ältere Generation sind die Erinnerungen an frühere Zeiten immer noch sehr lebendig!

Folglich ziehen es die meisten älteren Schwulen und Lesben selbst in der heutigen Zeit und in ihrem Alter vor, sich nicht zu ihrer Homosexualität zu bekennen, aus Angst, als abartig zu gelten oder diskriminiert zu werden und weil sie fürchten, dass ihr Partner nicht als ihr primärer Betreuer anerkannt wird.

Diese negativen Einstellungen haben dazu geführt, dass die Diskriminierung älterer Menschen in unserer Gesellschaft weit verbreitet ist. Die Persönlichkeit von Menschen, deren Haare grau werden und deren Körperkräfte nachlassen, wird oft verletzt. Sie werden herablassend behandelt oder sogar diskreditiert, ihr Status wird ihnen genommen oder sie werden entwertet und als unproduktive alte Leute hingestellt, auch wenn dies nicht den Tatsachen entspricht! Diese Einstellung gegenüber dem Alter wird üblicherweise am Lebensalter dieser Menschen festgemacht (z.B. älteres Äußeres, graues Haar), nicht an der Funktion, die sie haben.

Die folgende Geschichte ist ein gutes Beispiel für eine herablassende Behandlung. Eines Abends legte Mrs Adams, 75 Jahre alte, sehr aktiv, grauhaarig, ihre Mitgliedskarte der Rezeptionistin vor, wie es jeder machte, der das Gymnasium betreten wollte. Mrs Adams war überrascht und amüsiert, dass die Rezeptionistin pausenlos auf sie einredete und sich bei ihr für die Karte bedankte, die, wie sie zu glauben schien, jemand verloren haben musste. Mrs Adams hatte keine Chance, die Rezeptionistin zu unterbrechen, die ihr strahlend, aber zum wiederholten Mal versicherte, «man würde alle Hebel in Bewegung setzen, bis der rechtmäßige Eigentümer der Karte gefunden sei». Sie fügte hinzu, «wenn Mrs Adams ihre Telefonnummer und ihre Adresse hinterlassen würde, würde der rechtmäßige Eigentümer sich bestimmt auch gerne bei ihr bedanken». Die Rezeptionistin war peinlich berührt, als die agile Mrs Adams endlich die Chance hatte, zu antworten: «Alles in Ordnung, meine Liebe, das ist meine, und wenn sie mich jetzt durchlassen könnten, würde ich ganz gern zu meinem Yoga-Kurs gehen!»

Möglicherweise basiert die Diskriminierung älterer Menschen und die daraus resultierenden Vorurteile auf der irrigen Annahme, die sexuelle Aktivität höre im Alter von 60 Jahren auf, wenn nicht gar eher. Der Grund ist der, dass viele junge Leute sich nicht vorstellen können, dass ihre Eltern Sex haben und überzeugt sind, sie hätten nur so oft Sex gehabt wie Kinder in der Familie sind. Angesichts dessen können sie ihre Großeltern erst recht nicht mit sexuellen Wünschen, Bedürfnissen und Aktivitäten in Verbindung bringen, zumal wenn diese gebrechlich sind oder bei einem von beiden Demenz diagnostiziert wurde.

Bancroft (2009) äußert sich dazu so: «Sexualität ist tief im Leben der Menschen verankert.» Frühere Studien von Hajjar et al. (2004) kommen zu dem Schluss, dass «es Sexualität in jedem Alter gibt und dass sie für ältere Menschen wie für jüngere gleichermaßen wichtig und erfüllend ist». Auch Nay et al. (2007) stellen fest: «Für viele ältere Menschen ist sexuelle Aktivität wichtig für ihr Selbstgefühl und für ihre Beziehung.»

Ältere Menschen verhalten sich vielleicht anders, was die Intensität und Häufigkeit der sexuellen Aktivität angeht, aber das Bedürfnis nach einer innigen intimen Beziehung bleibt. Ältere Menschen haben ihre eigene Lebensgeschichte, glückliche und traurige Erlebnisse, die ihren Lebensweg geprägt haben. Wenn sie eine innige und erfüllende hetero- oder homosexuelle Beziehung hatten, dann werden sie sie fortsetzen wollen, es sei denn, eine schwere, mit Impotenz oder Libidoverlust einhergehende Krankheit hindert sie daran. Lemieux et al. (2004) stellen fest: «Ältere Menschen haben berichtet, dass Sexualität auch bei einer lebensverkürzenden Krankheit ein wichtiger Aspekt ihres Lebens bleibt, selbst noch in den letzten Wochen oder Tagen vor dem Tod.»

Medizinische Gründe, die die sexuelle Aktivität beeinträchtigen, sind ein Schlaganfall, Herzprobleme, die Parkinson-Krankheit, Diabetes, eine Depression, Demenz, rheumatoide Arthritis sowie bestimmte medizinische Eingriffe wie die Entfernung der Prostata bei Prostatakrebs. Auch bestimmte Operationsformen haben Auswirkungen auf das Selbstbild oder die äußere Attraktivität von Menschen, vor allem die Mastektomie oder Kolostomie. Es ist wichtig, die Patienten über die Veränderungen aufzuklären und ihnen zu helfen, sich daran anzupassen, denn man kann vieles dafür tun, dass älteren Menschen, die von diesen Krankheiten betroffen sind, weiterhin sexuell aktiv sein können.

Folgende Strategien helfen, die sexuelle Funktionsfähigkeit aufrechtzuerhalten: Überprüfung der Medikation, Einnahme eines Schmerzmittels vor dem Geschlechtsverkehr, Unterstützung der Glieder und Korrektur der Position, eine Tageszeit wählen, wenn der Patient nicht müde ist, alternative erogene Zonen entdecken, den Kolostomiebeutel mit einem hübschen Kummerbund abdecken, ein Gleitmittel und geeignete Hilfsmittel verwenden. Manche Menschen brauchen vielleicht auch den Rat eines Sexualtherapeuten. Kuhn (2002) stellt fest: «Wenn ältere Menschen keine intime oder sexuell aktive Beziehung haben, dann liegt dies in erster Linie daran, dass ihnen der Partner fehlt.»

Der Verlust des Partners kann unsägliches Leid und den Verlust der körperlichen Beziehung mit sich bringen. Deshalb suchen die Betroffenen oft in einer anderen intimen Beziehung nach Trost, den sie, je nach Situation, bei einem neuen Partner vom gleichen oder vom anderen Geschlecht finden. Eine andere sexuelle Orientierung stößt bei den Familienmitgliedern oft auf Widerstand. Kuhn (2002) verweist darauf, dass homosexuelle Bewohner, «die Partner werden, sich, wie heterosexuelle Paare auch, vielleicht einfach nur gerne unterhalten und gemeinsam an Aktivitäten teilnehmen. Möglicherweise ist Freundschaft alles, was sie wollen.» In solchen Fällen müssen die Familienmitglieder und Betreuer darauf achten, dass sie unvoreingenommen bleiben.

Der Ausbruch einer Demenz kann mit Herausforderungen für primäre wie professionelle Betreuer verbunden sein. Angehörigen, die primäre Betreuer sind, ist das Thema oft sehr peinlich und unangenehm, und auch die professionellen Betreuer haben häufig Schwierigkeiten, darüber zu sprechen. Doch um eine Lösung zu finden, ist es unerlässlich, das Thema offen und diskret zu erörtern und so auf behutsame und respektvolle Art Informationen über die Lebensgeschichte und das frühere Sexualleben der Betroffenen zu sammeln.

Professionelle Betreuer sollten wissen, dass Menschen mit Demenz ihre sexuellen Bedürfnisse offen und auf vielerlei Art zum Ausdruck bringen: durch zweideutige Äußerungen oder Gesten, indem sie an sich herumspielen oder sich entblößen, unerwünschte sexuelle Annäherungsversuche machen, sich entkleiden oder sexuellen Kontakt zu Menschen suchen, die nicht ihre Ehepartner sind. Betroffene, die Wahnvorstellungen haben, beschuldigen manchmal ihre Ehepartner, eine Affäre mit einem Mitarbeiter oder einer Mitarbeiterin zu haben.

Dieses für die Ehepartner und Mitarbeiter äußerst unangenehme Verhalten deutet nicht selten auf unerfüllte sexuelle Bedürfnisse hin.

Kasten 2-1:

Fallstudie: Mr Borelli

Seit einiger Zeit Verschlechterung der Funktionsfähigkeit im Alltag.

Mr Borelli, 74 Jahre alt, wurde nach dem noch nicht lange zurückliegenden Tod seiner Frau in einer Pflegeeinrichtung für Menschen mit niedrigem Pflegebedarf untergebracht, weil seine Familie meinte, er könne nicht länger alleine leben.

Das Problem

Mr Borelli wollte eine sexuelle Beziehung zu einer Heimbewohnerin aufnehmen, die Demenz hatte. Die Mitarbeiter missbilligten die Beziehung.

Einige Wochen nachdem Mr Borelli aufgenommen worden war, dokumentierten die Mitarbeiter, er fühle sich sehr zu Mrs Clarke, einer Mitbewohnerin, hingezogen. Die Mitarbeiter wollten die beiden unbedingt trennen, weil Mrs Clarke die Alzheimer-Krankheit hatte und befürchtet wurde, Mr Borelli könnte sie sexuell ausnutzen. Die Mitarbeiter waren der Auffassung, dass Mr Borelli trotz seiner kognitiven Beeinträchtigung wissen müsste, dass seine Beziehung zu Mrs Clarke unangemessen war, zumal der Tod seiner Frau noch nicht lange zurücklag. Die beiden wurden immer wieder getrennt und ermahnt und Mr Borelli als «lüsternerer alter Mann» bezeichnet.

Der Einblick in die sexuellen Gewohnheiten von Mr Borelli ergab, dass er und seine Frau eine lange, liebevolle innige Beziehung geführt hatten. Mr Borelli sagte tief bewegt «Für mich war sie mein Ein und Alles und für meine Frau auch!» Im Laufe des Problemlösungsprozesses stellte sich heraus, dass Mr Borelli der primäre Betreuer seiner Frau war bis zu dem Tag, an dem sie starb.

Nachdem die Mitarbeiter Mr Borellis Interaktion mit Mrs Clarke einige Wochen sehr genau beobachtet hatten, stellten sie fest, dass Mr Borelli nicht «lüstern» war, sondern eigentlich nur seine gewohnte Betreuerrolle fortsetzte, um der einsamen, gebrechlichen und kognitiv beeinträchtigten Mrs Clarke zu helfen und ihr seine Begleitung anzubieten. Mr Borelli wollte Mrs Clarke lediglich helfen, sich in einer für sie neuen und fremden Umgebung sicher und willkommen zu fühlen. Er nutzte sie also keineswegs aus, sondern unterstützte sie!

Die Familien wurden informiert und waren zunächst ziemlich beunruhigt. Doch nach vielen Diskussionen und der Versicherung, dass Mrs Clarke nicht zu einer Beziehung gezwungen würde, akzeptierten beide Familien schließlich die Situation. Nachdem Mr Borellis Bemühungen um Mrs. Clarke in deren Pflege integriert wurden, wurde ein gutes Ergebnis erzielt.

Wenn die Mitarbeiter in Pflegeeinrichtungen für ältere Menschen bei Bewohnern sexuell auffälliges Verhalten beobachten, stehen sie oft hilflos vor der Situation, weil ihnen die Zeit sowie die Kenntnisse und Fähigkeiten fehlen, angemessen auf das Verhalten zu reagieren und konstruktive mit der Situation umzugehen.

Mangelndes Verständnis oder eine Überreaktion aufseiten der Mitarbeiter kann dazu führen, dass sie die betreffende Person von geselligen Aktivitäten im Pflegeheim ausschließen und um Verschreibung eines Medikaments bitten, dass den Betroffenen sediert oder sogar chemisch kastriert. So gelingt es natürlich nicht, das Problem – die unerfüllten sexuellen Bedürfnisse – zu identifizieren oder zu lösen.

Bevor mit der Problemlösung begonnen werden kann, müssen die Mitarbeiter eigene Einstellungen, Vorurteile oder Erfahrungen überprüfen, weil diese einen starken Einfluss darauf haben, wie sie die Lösung der zuweilen komplexen und schwierigen Probleme in Angriff nehmen. Manchmal ist es vielleicht sogar nötig, dass Mitarbeiter, wie bereits im vorigen Kapitel erwähnt, professionelle Hilfe in Anspruch nehmen, um traumatische Erfahrungen mit sexueller Ausbeutung zu verarbeiten. Eine unvoreingenommene Sicht auf die Probleme ist wichtig, damit die Qualität der Pflege nicht unter der negativen Einstellung leidet.

Die Fallstudie von Mr Borelli auf S. 40 ist ein Beispiel für eine Fehleinschätzung durch die Mitarbeiter.

Die nächste Fallstudie zeigt, dass dem primären gleichgeschlechtlichen Betreuer eines Mannes mit Demenz viel Leid erspart geblieben wäre, wenn man sich bei der Aufnahme Zeit genommen hätte, die sexuelle Orientierung des Betroffenen herauszufinden. Die beiden Männer hatten fast 27 Jahre als Partner zusammengelebt.

Kasten 2-2:

Fallstudie: Mr Jarrard

Funktionelle Störungen im Stirn- und Schläfenhirn.

Bei Mr Jarrard wurde im Alter von 54 Jahren, fünf Jahre vor seinem Umzug ins Pflegeheim, eine früh ausbrechende Demenz diagnostiziert.

Das Problem
Abbruch der Kommunikation mit der «verantwortlichen Person» – Mr Doyle.

Die Familie von Mr Jarrard hatte, mit Ausnahme der Schwester, schon lange den Kontakt zu dem homosexuellen Paar abgebrochen. Obwohl Mr. Doyle eine wichtige Position in der Industrie bekleidete, war es ihm mit Unterstützung der Sozialstation und etwas Hilfe der Schwester gelungen, seine beruflichen Verpflichtungen mit seiner Betreuerrolle in Einklang zu bringen. Doch seit sechs Monaten brauchte Mr Jarrard immer mehr Hilfe, um seinen Alltag zu bewältigen. Nach einem Gespräch mit dem Pflegedienst war man sich einig, dass Mr Jarrard im Pflegeheim am besten aufgehoben sei, da er dort rund um die Uhr die Betreuung bekam, die er brauchte.

Mr Doyle, der seinen Partner jeden Abend besuchte, stellte fest, dass die Betreuer die Schwester nach der Lebensgeschichte von Mr Jarrard ausfragten. Mr. Doyle stellte klar, er sei der primäre Betreuer von Mr Jarrard, «die verantwortliche Person», doch ohne Erfolg. Die Betreuer waren der Meinung, die Schwester sei eine Blutsverwandte und stehe ihm daher näher. Sie ignorierten einfach Mr. Doyles wichtige Rolle als verantwortliche Person.

Nach all den Jahren, in denen er sich um Mr Jarrard gekümmert, Verantwortung für ihn übernommen und mit ihm eine enge Beziehung geführt hatte, fühlte sich Mr Doyle nun völlig ausgegrenzt, denn die Betreuer ignorierten seine wichtigen Informationen über den Lebensstil, die er ihnen ständig zukommen ließ. Er war sehr getroffen, als er hörte, dass die Betreuer abfällige Bemerkungen über seine Beziehung zu Mr Jarrard machten.

Natürlich kam es manchmal vor, dass Mr Jarrard nicht wusste, wer er war. Wie sollte Mr. Doyle den Betreuern nur begreiflich machen, dass er und Mr Jarrard früher als Paar in einer Beziehung zusammengelebt hatten und dass der Verlust ihm emotional sehr zusetzte. Die Betreuer hätten eine Fülle von Informationen sammeln können, wenn sie, wie Manthorpe (2003) schreibt, «um die Bedeutung von Partnern und auch Freunden als alternatives Familiennetzwerk gewusst hätten».

Professionelle Betreuer sollten wissen, dass die für die Gesundheit und das Wohlbefinden «verantwortliche Person» nicht immer ein naher Verwandter ist. Die «verantwortliche Person» kann der letzte Ehepartner oder Quasi-Ehepartner sein, mit dem der Betroffene eine enge andauernde Beziehung führt. «Quasi-Ehepartner» können auch gleichgeschlechtliche Partner sein (Guardianship Tribunal, N.S.W. 2009).

Wie die beiden Fallstudien zeigen, hätten die negativen Einstellungen und Vorteile, insbesondere die Missachtung von Mr Doyle und sein emotionales Leid, vermieden werden können, wenn bei der Aufnahme in die Pflegeeinrichtung Fragen über die Lebensgeschichte, die sexuellen Gewohnheiten und die sexuellen Vorlieben gestellt und besprochen worden wären. Es ist wichtig, Informationen dieser Art in allen Pflegeeinrichtungen in das Aufnahmeprozedere zu integrieren und die besonderen Bedürfnisse der Bewohner bei der personenzentrierte Pflegeplanung zu berücksichtigen.

Leider wird die sexuelle Beziehung älterer oder homosexueller Menschen mit oder ohne Demenz-Diagnose nur selten thematisiert. Sie wird weder mit der betroffenen Person besprochen noch steht sie bei der Fallbesprechung auf der Tagesordnung, um mit den Mitarbeitern diskutiert zu werden. Nicht weil das Thema unwichtig ist, sondern weil es den Betreuern peinlich ist.

Professionelle Betreuer sollten bei jeder sich bietenden Gelegenheit nach Möglichkeiten suchen, auf Vorurteilen basierende Hemmnisse abzubauen. Aufklärung hilft, das Wissen über die unerfüllten sexuellen Bedürfnisse der Menschen zu erweitern, negative Einstellungen zu überwinden und all die alten Ansichten, falschen Vorstellungen und gesellschaftlichen Vorurteile zu widerlegen. McAuliffe et al. (2007) unterstützen diese Empfehlung: «Es ist die Aufgabe von Gesundheitsexperten, die mit älteren Menschen arbeiten, die falschen Vorstellungen zum Thema Sexualität und Alter, die in der Gesellschaft kursieren, zu korrigieren und durch ein positives Bild zu ersetzen, das die Sexualität älterer Menschen befürwortet und diesen wichtigen Teil des Lebens normalisiert.»

3 Demenz und ihre Auswirkung auf die Sexualität

In diesem Kapitel wird untersucht, inwiefern das menschliche Gehirn an der sexuellen Reaktion beteiligt ist. Wenn wir verstehen, wie das gesunde Gehirn funktioniert, können wir Veränderungen besser verstehen. Dieses Verständnis hilft uns, effiziente Managementstrategien zu entwickeln.

> «Man muss nichts im Leben fürchten, nur verstehen. Die Zeit ist reif, mehr zu verstehen, damit wir uns weniger fürchten.»
>
> *Marie Curie*

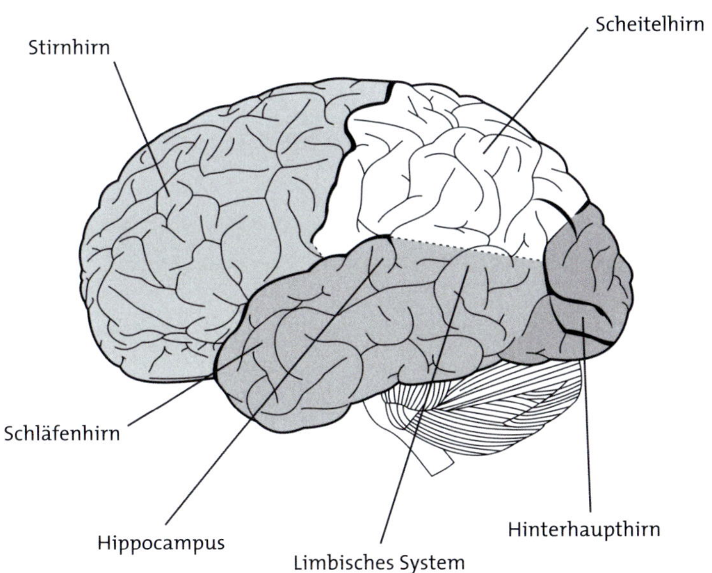

Die Areale des Gehirns (linke Seitenansicht)

Jedes menschliche Verhalten wird durch Hirnaktivitäten gesteuert. Ob wir mit den Augen blinzeln oder über unsere Existenz nachdenken, das Gehirn organisiert «Bewegungen, Wahrnehmungen, Sprache, Verhalten, Denkprozesse und Erinnerungen» (Bancroft, 2009). All dies ist möglich, weil die einzelnen, für verschiedenartige Funktionen zuständigen Hirnareale miteinander vernetzt sind. Daher ist es nicht verwunderlich, dass Menschen mit Demenz oft eine Reihe von ungewöhnlichen und manchmal unangemessenen Verhaltensweisen zeigen. Dies lässt sich im Bereich der Sexualität besonders gut verdeutlichen.

An den sexuellen Reaktionen sind mehrere Hirnareale beteiligt. Sind einige dieser Areale durch Demenz geschädigt, führt dies nicht selten zu einem unangemessenen sexuellen Verhalten. Für Menschen, die die Betroffenen betreuen, ist dies oft eine große Belastung. Aber Menschen mit Demenz brauchen, wie wir alle, die Nähe zu anderen. Doch je nachdem, an welcher Form der Demenz sie leiden, ist ihre Fähigkeit, Liebe und Zuneigung zu geben und zu empfangen, sehr unterschiedlich ausgeprägt. Dies wiederum hat Auswirkungen darauf, wie sie ihre Sexualität zum Ausdruck bringen. Im Folgenden sind die häufigsten Formen der Demenz mit ihren Symptomen aufgeführt:

- Die Alzheimer-Krankheit: Gedächtnisverlust, Zerstreutheit, Wortfindungsschwierigkeiten und Probleme bei der Unterhaltung, Routinearbeiten erfordern mehr Zeit, Abnahme der sozialen Kompetenz, unberechenbare emotionale Reaktionen.
- Vaskuläre Demenz: Schwankende Gedächtnisleistungen, Stimmungsschwankungen, Labilität, Schwierigkeiten mit der Sprache und beim Sprechen.
- Lewy-Körper-Demenz: Schwierigkeiten mit der Konzentration, Aufmerksamkeit und der Einschätzung von Entfernungen. Extreme Verwirrtheit, visuelle Halluzinationen, Wahnvorstellungen, Depression, Tremor und Steifheit.
- Frontotemporale Demenz: Veränderung der Persönlichkeit, des sozialen Verhaltens und der Sprache, zwanghaftes Wiederholen von Handlungen und sprachlichen Äußerungen, Wortfindungsschwierigkeiten.

- Alkoholbedingte Demenz: Verminderte Wachsamkeit und Aufmerksamkeit, Unfähigkeit, alle Elemente der gegenwärtigen Situation zu erfassen und Entscheidungen zu treffen. Verlust der Hemmungen.

Das Gehirn funktioniert in etwa wie ein Computer. Es besitzt wie dieser verschiedene Bereiche, die Informationen empfangen, analysieren, sortieren, speichern, sammeln, ablegen, vernetzen und programmieren, die für die Funktionsfähigkeit im Alltag wichtig sind: denken, Handlungen sinnvoll planen, vertraute Personen, Objekte und Umgebungen wiedererkennen, Anweisungen oder Instruktionen befolgen, emotional reagieren, Verhalten kontrollieren oder geschäftliche/finanzielle Angelegenheiten regeln.

Wenn der Computer versagt (z. B. weil der Strom oder die Batterie ausfällt oder ein Virus das System lahmgelegt), bricht oft das ganze System zusammen und alle gespeicherten Informationen und Funktionen werden durcheinandergewirbelt oder gehen sogar verloren. Das Gleiche kann auch passieren, wenn die Funktionen des Gehirns durch den Prozess der Demenz zerstört werden, speziell in dem komplexen Bereich, der für den Ausdruck der sexuellen Bedürfnisse und Wünsche zuständig ist. Was die Betroffenen beispielsweise früher heimlich gemacht haben (an sich herumzuspielen, sich zu entkleiden oder andere mit unangemessenen Gesten oder Annäherungsversuchen zu belästigen), tun sie jetzt in der Öffentlichkeit, ohne auf die Umgebung Rücksicht zu nehmen.

Um zu veranschaulichen, wie der Bereich des sexuellen Verhaltens durch die Demenz beeinflusst wird, soll die Anatomie des Gehirns kurz dargestellt werden.

3.1 Der Aufbau des Gehirns (s. S. 45)

Das Gehirn besteht aus zwei Hemisphären. Die linke, dominante Hemisphäre steuert die rechte Körperseite, die rechte, nicht dominante die linke Körperseite. Die beiden Hemisphären sind in vier Areale gegliedert: Frontallappen (Stirnhirn), Temporallappen Schläfenhirn, Parietallappen (Scheitelhirn) und Okzipitallappen (Hinterhaupthirn). Tief im

Innern des Gehirns befindet sich das limbische System, eine Gruppe von Strukturen, die unter anderem auch die sexuellen Emotionen steuert.

Jedes Hirnareal hat eine andere Funktion. Die Areale werden durch zahllose Neuronen miteinander vernetzt. Ist eins der Areale durch den Prozess der Demenz geschädigt, können Störungen oder Veränderungen des Verhaltens auftreten.

3.2 Das limbische System

Das limbische System ist eine «Gruppe entwicklungsgeschichtlich primitiver Hirnstrukturen tief im Innern des Gehirns» (Bailey, 2010). Teil dieser Strukturen sind der Hippocampus, der Hypothalamus, die Amygdala, der Thalamus, die Hypophyse und verschiedene andere Strukturen, zu deren Funktionen die Speicherung und Verarbeitung von eng miteinander verbundenen Emotionen und Inhalten des Langzeitgedächtnisses gehört (Medline Plus, 2009).

Das limbische System steuert die autonomen und endokrinen Funktionen, den Schlaf/Wach-Rhythmus, die Motivation und die Stimmung. Amygdala und Hypothalamus sind von besonderer Bedeutung für die emotionalen Aspekte des Lebens, wie Furcht und Angst sowie für sexuelles Verlangen, sexuelle Erregung und Orgasmus (Bailey, 2010).

3.3 Das Stirnhirn

Nach Creasey (2004) ist das Stirnhirn «der für die Ausführung zuständige Bereich des Gehirns, der Manager und Entscheidungsträger». Das Stirnhirn gliedert sich in drei Teile:

- Den lateralen Teil: zuständig für planen, organisieren, lernen, denken, Persönlichkeit und Erkenntnis.
- Den medialen Teil: zuständig für die Einleitung (der Anlasser).
- Den orbito-basalen Teil: zuständig für die Steuerung des Verhaltens, d. h. sozial angemessenes Verhalten sowie soziale und moralische Werturteile. Er verarbeitet Feedback und reagiert in angemessener Weise (Creasey, 2004).

Des Weiteren befinden sich im Stirnhirn die für Bewegungen zuständigen Hirnareale.

3.4 Das Schläfenhirn

Das Schläfenhirn ist wichtig für die Speicherung von verbalen und visuellen Erinnerungen. Laut Lezak (1995) ist die linke, meist dominante Hirnhälfte zuständig für die verbalen Funktionen, Wörter und Namen, die nicht dominante rechte Hirnhälfte für die visuellen Funktionen und höhere Wahrnehmungs- und Wiedererkennungsfunktionen, wie z. B. das Wiedererkennen von Gesichtern und Orten.

Neben der Speicherung von Erinnerungen sind beide Schläfenlappen zuständig für:

- akustische Reize
- olfaktorische und gustative Reize
- Sprache und sprachliches Verständnis
- Musikalität.

Der Hippocampus gehört zu den Gruppen von Strukturen, die im Schläfenhirn liegen. Er ist wichtig für die Vernetzung und das Abrufen von im Langzeitgedächtnis gespeicherten Erinnerungen. Er verknüpft außerdem visuelle Erinnerungen mit Klängen und Gerüchen und ist zuständig für deren räumliche und zeitliche Zuordnung (Boeree, 2010). In diesem Teil des Gehirns zeigen sich oft die ersten Veränderungen durch die Alzheimer-Krankheit. Hirnscans können diese Veränderungen sichtbar machen.

3.5 Das Scheitelhirn

Nach Creasey (2004) hat das Scheitelhirn folgende Funktionen:

- «Dominante Hälfte – zuständig für analytisches und logisches Denken sowie für alles, was eine Struktur hat; Sprache, Sprechen, Schreiben, Lesen, Rechnen und Sequenzieren; Wahrnehmung der Position von Körperteilen und Dingen, die in Reihenfolge erscheinen.

- Nicht dominante Hälfte – zuständig für die Wahrnehmung unserer Position in der Welt, die Wahrnehmung der Position des eigenen Körpers im Verhältnis zu anderen Personen und Gegenständen, die Bewegung im Raum sowie die Unterscheidung zwischen oben und unten, seitlich, vorne und hinten.
- Das Scheitelhirn setzt die im Schläfenhirn gespeicherten Wörter in Handlung um.»

Nach Johnson (2009) steuert «das Scheitelhirn auch Empfindungen, Berührungen, Druck sowie subtile Empfindungen und es ist zuständig für die Wahrnehmung von Textur, Gewicht, Größe, Form etc.»

Laut Creasey (2004) hat das Scheitelhirn noch zwei weitere Funktionen:

- «Praxis – Die Fähigkeit, erlernte zielgerichtete Bewegungen oder Bewegungsmuster auszuführen, die im Alltag und beim Anziehen und Baden wichtig sind.
- Gnosis – Die Fähigkeit, Dinge wiederzuerkennen, z. B. Gesichter, Gegenstände oder Umgebungen.»

Kasten 3-1:

Fallstudie: Mr Sanderson

Verlust der Hemmungen.
Mr Sanderson, 73 Jahre alt, Alzheimer-Krankheit, zog vor kurzem in eine Pflegeeinrichtung für Menschen mit niedrigem Pflegebedarf.

Das Problem
Mr Sanderson masturbierte immer wieder in der Öffentlichkeit und versuchte, die Mitarbeiterinnen in sein Bett zu ziehen.

Die Mitarbeiter fühlten sich von Mr Sandersons Verhalten und von seinen sexuellen Annäherungsversuchen abgestoßen. Dieses Verhalten, das er auch schon zu Hause gezeigt hatte, war der Grund, weshalb die primäre Betreuerin, Mrs Sanderson, ihn im Heim unterbringen wollte.

Mr Sandersons anstößiges Verhalten war vermutlich auf eine Schädigung des Stirnhirns zurückzuführen. Bancroft (2009) erklärt dies so: «Kognitive Prozesse im Stirnhirn aktivieren soziale und interpersonelle Erfahrungen und kontrollieren so unsere Sexualität.» Bei Menschen mit Demenz ist oft eine dieser Verbindungen geschädigt oder zerstört, was dazu führt, dass ihr sexuelles Verhalten und ihre sexuellen Reaktionen sich verändern.

Das bedeutet, unser Stirnhirn ist dafür zuständig, dass wir Verhaltensnormen, Gewohnheiten, moralische Prinzipien und gute Sitten beachten, und wenn es durch den Prozess der Demenz geschädigt ist, werden Regeln, Gebote und persönliche Normen außer Kraft gesetzt.

Mr Sanderson war demnach gar nicht für sein Verhalten verantwortlich zu machen, weil ihm die Einsicht fehlte. Er hatte sein Gefühl für Anstand und grenzüberschreitendes Verhalten verloren und folgte den Impulsen und Bedürfnissen des limbischen Systems, weil die Fähigkeit, sein enthemmtes impulsives oder sein sexuell bzw. sozial unangemessen Verhalten zu kontrollieren, zerstört war.

Kasten 3-2:

Fallstudie: Mr Darcy

Beeinträchtigung des Schläfenhirns.
Mr Darcy, 70 Jahre alt, Diagnose Alzheimer-Krankheit, lebte in einer Einrichtung für Menschen mit Demenz.

Das Problem
Mr Darcy verstand verbale Äußerungen seiner Frau ständig falsch.

Mrs Darcy besuchte ihren Mann jeden Tag. Wenn sie sah, dass er müde war und sagte «Zeit fürs Bett, mein Lieber» bedeutete dies für Mr Darcy, der Verständnisschwierigkeiten hatte, «Zeit für sexuelle Aktivitäten». Er zog seine Frau ungeduldig zu seinem Bett, doch ihr war sein Verhalten in dieser Umgebung peinlich und sie wies ihn zurück, mit dem Ergebnis, dass er entsetzt und noch verwirrter war als ohnehin schon. Leider konnte Mr Darcy nicht verstehen, dass seine Frau die Zeit und den Ort absolut unpassend für solche Aktivitäten fand.

Es war völlig klar, dass Mr Darcy seine Frau falsch verstand, denn der Schläfenlappen ist dafür zuständig, im Langzeitgedächtnis gespeicherte Inhalte abzurufen. Arnell (1997) schreibt: «Dieser Teil des Gehirns wird zuerst durch die Alzheimer-Krankheit geschädigt; erste Symptome sind Gedächtnisverlust und Desorientiertheit.» Das Kurzzeitgedächtnis geht zuerst verloren. Die Äußerung «Zeit fürs Bett, mein Lieber» weckte bei Mr Darcy angenehme Erinnerungen an die Vergangenheit und animierte ihn, seine Frau zu sexuellen Aktivitäten zu bewegen.

Griffith et al. (1993) schreiben: «Eine Schädigung des Schläfenhirns kann auch die Kommunikation insgesamt beeinträchtigen; dies äußert sich darin, dass die kleinen Signale, die die mangelnde Bereitschaft des Partner anzeigen, nicht wahrgenommen werden. Es geht auch die Fähigkeit verloren zu erkennen, was in puncto sexuelle Aktivitäten für beide angenehm oder nicht angenehm ist.» Bei einer Schädigung des Schläfenhirns sind Ehepartner oder Partner außerdem häufig mit dem Problem konfrontiert, dass der Betroffene immer wieder auf Sex besteht, weil er vergisst, dass dieser eben erst stattgefunden hat.

3.6 Das Hinterhaupthirn

Dieser Teil des Gehirns ist der kleinste und nach Griffith et al. (1993) «das Zentrum der visuellen Wahrnehmung. Es ist zuständig für:

- Das visuelle Gedächtnis – es nimmt sensorische Informationen aus der Außenwelt auf und interpretiert sie.
- Das Wiedererkennen von Symbolen, Formen und Farben.
- Lesen.»

3.7 Der Ablauf der sexuellen Reaktion

Für Masters und Johnson (1966) sind «sexuelles Verlangen, sexuelle Erregung und Orgasmus» die wesentlichen Merkmale der sexuellen Reaktion; Ursprungsort sind die Strukturen des limbischen Systems. Beteiligt sind auch das Stirnhirn und autonome viszeromotorische Reflexe. Nach Bancroft (2009) «verarbeitet das Stirnhirn die Bedeutung sexueller Wahrnehmungen, äußere Ereignisse sowie innere Bilder und Fantasien». Es reagiert auf die sexuellen Impulse im limbischen System, initiiert Bewertung und Handlung oder dämpft nötigenfalls die Erregung.

Nach Bancroft (2009) reagieren die autonomen viszeromotorischen Reflexe auf die sexuelle Erregung mit einer Steigerung der Herz- und Atemfrequenz, vaskulären Veränderungen – Erektion des Penis oder der Klitoris –, Stimulation der Gleitfähigkeit der Vagina und paralleler Reaktionen wie Schwellung der Brust und Rötung der Haut. Bancroft (2009) schreibt weiter: «Die lustvollen erotischen Empfindungen werden bis zum Orgasmus gesteigert», dann folgt «die Abklingphase, in der die Geschlechtsorgane in den Zustand vor der Erregung zurückversetzt werden» (Griffith et al., 1993).

Das Schläfenhirn und andere Hirnareale sind ebenfalls an der sexuellen Reaktion beteiligt. Daneben spielen Erinnerungen und kontextuelle visuelle Stimuli beim Ablauf der sexuellen Reaktion eine Rolle.

3.8 Störungen der sexuellen Funktion

Nachfolgend werden problematische Verhaltensweisen in Abhängigkeit von den jeweiligen Hirnarealen beschrieben. Auch wenn jedes Hirnareal eine bestimmte Funktion hat, darf es nicht isoliert betrachtet werden, denn es ist Teil einer komplexen, vernetzten Struktur.

Es entstehen Probleme, wenn der Prozess der Demenz die im limbischen System lokalisierte Libido des Betroffenen verstärkt oder die Verbindungen zwischen (im Hippocampus gespeicherten) Inhalten des Langzeitgedächtnisses und Emotionen zerstört. Da diese Emotionen im Stirnhirn lokalisiert sind, das ebenfalls geschädigt sein kann, kann es zu aggressiven emotionalen Ausbrüchen kommen, wenn versucht wird, das unangemessene sexuelle Verhalten des Betroffenen zu unterbinden oder ihn davor zu warnen.

Die Störung des vom Hypothalamus und suprachiasmatischen Kern gesteuerten Schlaf/Wach-Rhythmus ist ein weiteres Problem, dessen Ursprungsort das limbische System ist. Es tritt auf bei Lewy Körper-Demenz. Der Verlust des normalen Tag/Nacht-Rhythmus führt zu Schlafstörungen. Diese können auch als Folge der Trennung vom Ehepartner/Partner auftreten. Die Betroffenen fühlen sich unwohl und suchen nach ihrem Partner.

Die stärksten, vom Stirnhirn ausgehenden Verhaltensänderungen sind bei bestimmten Formen der Alzheimer-Krankheit, vaskulärer Demenz, Lewy Körper-Demenz oder frontotemporaler Demenz zu beobachten. Die Betroffenen verlieren ihre sozialen Hemmungen und zeigen das damit einhergehende unangemessene sexuelle Verhalten.

Die Fallstudie von Mr Sanderson (S. 50) ist ein Beispiel für die Schädigung des Stirnhirns.

Kasten 3-3:

Fallstudie: Mr Jones

Schädigung des Stirnhirns.
Mr Jones, 52 Jahre alt, Diagnose früh ausbrechende Demenz, lebte in einer Pflegeeinrichtung für Menschen mit intensivem Pflegebedarf.

Das Problem
Mr Jones entkleidete sich immer wieder und masturbierte in der Öffentlichkeit.

Mr Jones hatte eine obszöne Ausdrucksweise und machte den Mitarbeiterinnen ständig unangemessene und unerwünschte Angebote. Er war sich nicht bewusst, dass sein Verhalten inakzeptabel war, weshalb ihm auch jede Einsicht fehlte. Wurde er wegen seines Verhaltens zurechtgewiesen, reagierte er sehr emotional und wurde ausfallend.

Die Diagnose früh ausbrechende Demenz wurde aufgrund einer Hirnaufnahme gestellt, die zeigte, dass sowohl das Stirnhirn als auch das Schläfenhirn von Mr Jones geschädigt war. Eine früh ausbrechende Demenz beginnt normalerweise zwischen 40 und 65 Jahren. «Anders als bei der Alzheimer-Krankheit tritt kein Gedächtnisverlust auf, aber die Persönlichkeit verändert sich stark. Das normale Verhalten und die normalen emotionalen Reaktionen verändern sich allmählich; weitere Kennzeichen sind soziale Enthemmtheit und eine unflätige Sprache» (Feinberg School of Medicine, 2009). Diese Diagnose erklärte, warum Mr Jones sich ungeniert entkleidete, in der Öffentlichkeit masturbierte, eine obszöne Ausdrucksweise hatte und ständig unerwünschte sexuelle Andeutungen und Annäherungsversuche machte.

Kasten 3–4

Fallstudie: Mr Field

Schädigung des Hinterhaupthirns.

Mr Field, 76 Jahre alt, Diagnose vaskuläre Demenz, lebte in einer Pflegeeinrichtung.

Das Problem

Mr Field versuchte immer wieder, die für seine Körperpflege zuständigen Mitarbeiterinnen zu streicheln und sie bei passender Gelegenheit in sein Bett zu ziehen.

Die Einschätzung ergab, dass Mr Field sich nur für bestimmte Mitarbeiterinnen interessierte, genauer gesagt für fünf junge Frauen, die alle blaue Augen und blonde Haare hatten. Bei der Befragung von Mr Fields Tochter stellte sich heraus, dass seine kürzlich verstorbene Frau ebenfalls blaue Augen und blonde Haare hatte. Dies erklärte einiges.

Bedingt durch die vaskuläre Demenz lebte Mr Field in der Vergangenheit und glaubte, seine Frau vor sich zu haben. Hier wird das Zusammenwirken von Scheitelhirn und Hinterhaupthirn deutlich. Nach Griffith (1993) «ist das Hinterhaupthirn das Zentrum der visuellen Wahrnehmung». Mr Fields Schwierigkeiten, vertraute Objekte wiederzuerkennen (sein Unvermögen, Gesichter wiederzuerkennen), sind dem Scheitelhirn zuzuschreiben. Das visuelle Gedächtnis im Hinterhauptlappen war jedoch noch intakt. Dies erklärt, warum Mr Field eine Mitarbeiterin mit seiner Frau verwechselte.

Eine Beeinträchtigung des Hinterhaupthirns kann noch andere Komplikationen nach sich ziehen. Halluzinationen kommen bei Menschen mit Demenz, speziell Lewy Körper-Demenz, häufig vor, z. B. kann es sein, dass sie eine nackte Person sehen.

Die Mitarbeiter sollten wissen, dass solche Halluzinationen eine unangemessene sexuelle Erregung zur Folge haben können. Im Anschluss an eine Befragung über die sexuellen Gewohnheiten bietet sich in solchen Situationen die Validationstherapie als eine sinnvolle Strategie. Mehr dazu später.

Kasten 3-5:

Fallstudie: Mr Evans

Schädigung des Scheitelhirns.
Mr Evans, 72 Jahre alt, Diagnose vaskuläre Demenz, lebte in einer Einrichtung für Menschen mit Demenz.

Das Problem
Mr Evans war sich seiner Kräfte nicht bewusst und hatte in der Vergangenheit seine Frau schon einmal verletzt. Er ging auch immer wieder unbekleidet in angrenzende Schlafzimmer und versetzte die Mitbewohner in Unruhe.

Immer wenn Mrs Evans ihren großen und immer noch kräftigen Mann besuchte, nahm er sie mehrmals in die Arme und drückte ihren zarten Körper kräftig, um seine Zuneigung zum Ausdruck zu bringen. Er drückte auch die arthritischen Hände seiner Frau sehr fest und beides verursachte ihr Schmerzen. Ihre Erklärungen und Proteste nützen nichts, denn ihr Mann verstand nicht, dass sein Verhalten ihr körperliche Schmerzen verursachte. Mrs Evans versuchte daraufhin, engen Körperkontakt zu vermeiden, was ihren Mann irritierte und aufregte.

Eine Störung des dominanten Scheitelhirns verursacht viele Probleme, wie das Verhalten von Mr Evans zeigt. Die Betroffenen sind oft nicht in der Lage, sich darauf zu konzentrieren, was andere sagen oder ihre Äußerungen richtig zu verstehen. Sie wissen weder, warum sie bestimmte Dinge tun, noch können sie sprachliche Feinheiten erfassen. Es kommt auch vor, dass sie immer wieder das Gleiche tun oder sagen.

Die Schädigung des Scheitelhirns hatte Mr Evans' Verstand in einem Maße geschädigt, dass sein Verhalten nicht mehr akzeptabel war. Auch war er nicht in der Lage, die abwehrenden Gesten seiner Frau zu verstehen, die signalisierten, dass sein Verhalten unangemessen und inakzeptabel war. Infolge der Schädigung war Mr Evans sich seiner Kräfte nicht bewusst.

Die vaskuläre Demenz hat wahrscheinlich auch seine räumliche Wahrnehmung beeinträchtigt (Schädigung des nicht dominanten Scheitelhirns). Diese führt dazu, dass die Betroffenen Richtungen und Umgebungen nicht mehr erkennen können und es erklärt, weshalb Mr Evans unbekleidet andere Zimmer betrat und sich in die falschen Betten legte. Das Entkleiden könnte auch durch Apraxie bedingt sein. Darunter versteht man das Unvermögen, die früher erlernte Vorgehensweise beim Anziehen auszuführen. Nachdem er sich ausgezogen hatte, um ins Bett zu gehen, wusste er nicht mehr, wie er seinen Schlafanzug anziehen sollte. Die Folge seiner Beeinträchtigung war, dass Mr Evans zu Unrecht verdächtigt wurde, sexuell «abartig» zu sein und mit einer Person ins Bett gehen zu wollen, die nicht seine Frau waren. In Wirklichkeit wollte er sich nur für die Nacht fertigmachen.

Damit ist erwiesen, dass das sexuell unangemessene Verhalten von Menschen mit Demenz keine Absicht ist. Weder sind sie schmutzige alte Männer oder Frauen noch sexuell «abartig». Sie können ihr Verhalten nicht kontrollieren, weil ein oder mehrere Hirnareale oder die damit vernetzten Strukturen im limbischen System zerstört sind. Um Menschen mit Demenz das Leben zu erleichtern und ihr Wohlbefinden zu fördern, müssen die professionellen Betreuer im Rahmen eines gründlichen Assessments feststellen, welche Hirnareale geschädigt sind.

Auf dieser Grundlage kann dann die Festlegung der Ziele sowie die Planung und Implementation der Pflege erfolgen, um eine Lösung für die unerfüllten sexuellen Bedürfnisse dieser Menschen zu finden.

Teil II – Beziehungen aufbauen und vertiefen

«Nach meiner Überzeugung ist eines der wichtigsten Dinge, die man im Leben lernen sollte, dass man unabhängig davon, wer man ist oder wo man lebt, in seiner Gemeinschaft etwas verändern kann.
Ich habe erlebt, dass viel Gutes getan wurde, dass Menschen Hilfe bekamen und ihr Leben sich verbessert hat, weil jemand aktiv geworden ist…
Tun Sie, was in Ihrer Macht steht, um zu zeigen, dass Sie sich um andere Menschen kümmern, und Sie werden die Welt zu einem besseren Ort machen.»

Rosalynn Carter

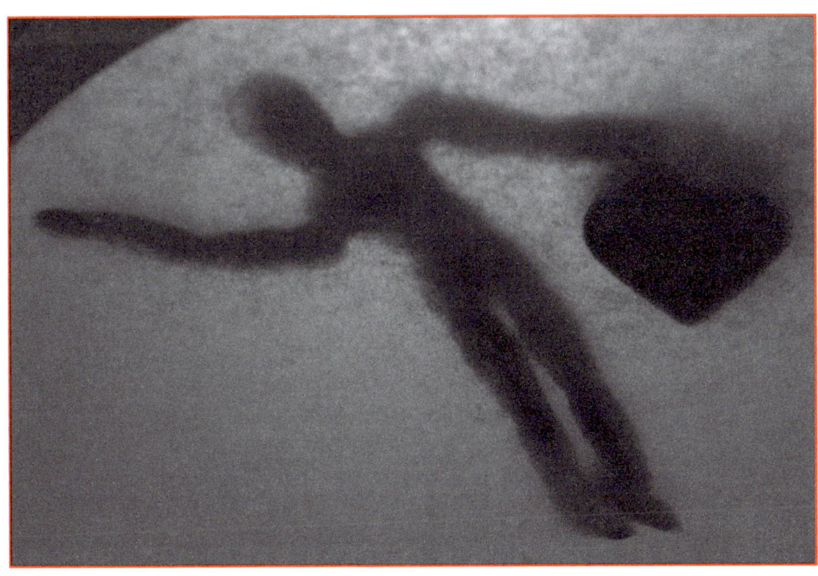

4 Die Situation der primären Betreuer

Dieses Kapitel beleuchtet die Schwierigkeiten, mit denen primäre Betreuer in der häuslichen Umgebung konfrontiert sind. Primäre Betreuer sind Ehepartner, Partner oder Bezugspersonen wie Familienmitglieder, Nachbarn oder Freunde, die sich um die täglichen Belange eines Menschen mit Demenz kümmern.

> «Für die Welt sind Sie vielleicht nur eine x-beliebige Person, aber für einen bestimmten Menschen vielleicht die Welt».
>
> *Josephine Billings*

Menschen leben mit ihrer Demenz, lange bevor die Diagnose gestellt wird. Normalerweise sind es die primären Betreuer, denen Veränderungen zuerst auffallen. Sie berichten von Zerstreutheit, Vergesslichkeit oder bemerken, dass ihr Schützling Dinge verlegt, und wenn er von dem Betreuer darauf hingewiesen wird, zu seiner Verteidigung sagt «Das ist eben das Alter» oder «Ich haben in meinem Alter doch wohl ein Recht darauf, vergesslich zu sein.»

Doch wenn die Diagnose Demenz gestellt wird, ist sowohl der Mensch mit Demenz als auch der primäre Betreuer emotional betroffen. Für einige ist Demenz bloß irgendein Wort, aber viele empfinden den Begriff immer noch als Stigma und bringen ihn mit Geisteskrankheit oder Senilität in Verbindung, was äußerst nachteilige Auswirkungen auf die betroffenen Menschen und ihre Betreuer haben kann.

Es gibt jedoch auch Menschen, die mit Erleichterung auf die Diagnose Demenz reagieren. Manche sollen gesagt haben «Gott sei Dank habe ich nur Demenz, ich dachte schon, ich hätte die Alzheimer-Krankheit». Die meisten Menschen wissen nicht, dass «Demenz» ein Oberbegriff für die Symptome einer Vielzahl von Krankheiten ist, die die Gehirnfunktionen allmählich zerstören. Dieser allgemeine Begriff besagt, dass Gedächtnis, Intellekt, Rationalität, soziale Kompetenz und normale emotionale Reaktionen verloren gehen» (Alzheimer's Australia, 2005).

Demenz wird verursacht durch eine oder mehrere Krankheiten, die das Gehirn beeinträchtigen. Am häufigsten sind:

- Alzheimer-Krankheit
- vaskuläre Demenz
- Lewy Körper-Demenz
- frontotemporale Demenz
- alkoholbedingte Demenz.

Harris (2009) schreibt: «Wenn bei einem Ehepartner Demenz diagnostiziert wird, hat dies weit reichende Folgen für das Paar. Die Diagnose beeinflusst jeden Aspekt des Ehelebens, auch sehr intime Bereiche, weil der gesunde Partner oft vom Liebhaber zum Betreuer wird und immer mehr Verantwortung für die tägliche Pflege des kranken Partners übernehmen muss.» Begreiflicherweise muss sich das Paar mit Trauer und

Verlust auseinandersetzen – mit der Trauer über die fortschreitende Krankheit und deren Auswirkungen sowie mit dem Verlust der gemeinsam geplanten Zukunft.

Leider ist Demenz eine fortschreitende Krankheit. Am Anfang verursacht der Gedächtnisverlust Probleme bei der Verrichtung vertrauter Aufgaben. Meistens kann der primäre Betreuer die Ausfälle leicht ausgleichen, indem er den Betroffenen beim Essen, Anziehen, Baden und Toilettengang zunächst nur ein wenig unterstützt. Im Laufe der Zeit braucht der Betroffene jedoch immer mehr Hilfe, da sein Urteilsvermögen und sein Fähigkeit, Entscheidungen zu treffen, immer mehr nachlassen, oft ohne dass der primäre Betreuer etwas davon bemerkt.

Menschen mit Demenz haben oft Schwierigkeiten mit der zeitlichen und räumlichen Orientierung und finden sich selbst in vertrauten Umgebungen nicht zurecht. Häufig wiederholen sie Handlungen und Äußerungen und haben Probleme, einfache Worte zu finden; da sie ihre Gedanken nicht artikulieren können, sind sie auch nicht in der Lage, ihre Bedürfnisse zu äußern, was die Betroffenen und die primären Betreuer oft gleichermaßen frustriert. Der primäre Betreuer, der den Betroffenen anfangs nur unterstützt, motiviert oder angeleitet hat, wird immer mehr zum Vollzeitbetreuer, der sieben Tage in der Woche Tag und Nacht bereitsteht.

Es ist sehr wichtig, in Kontakt zu bleiben; der primäre Betreuer muss sehr viel Geduld aufbringen, auch wenn es manchmal schwer fällt. Oft hilft Humor, gemeinsam mit dem Betroffenen lachen, nicht über ihn. Es hilft auch, wenn man sich bewusst macht, dass die Veränderung der Persönlichkeit und Funktionsfähigkeit durch die fortschreitende Demenz verursacht wird. Wenn das Paar schon vor Ausbruch der Demenz eine innige liebevolle Beziehung hatte, trägt die Aufrechterhaltung dieser Beziehung laut Harris (2009) «zur Verbesserung der Lebensqualität beider Partner bei. Wenn das Gedächtnis verloren gegangen ist, kann die vertraute Nähe eine wichtige Brücke in die Vergangenheit sein.»

Die Art und Weise, wie diese Nähe zum Ausdruck gebracht wird, kann sich verändern und muss vielleicht neu ausgehandelt werden. So kann das von Moss et al. (1993) beschriebene «Ausmaß der Intimität» sowie die emotionale Tiefe und Nähe eines Paares eine Wohltat für beide Partner sein: sich umarmen, küssen, schmusen und sich körperlich nahe sein. Geschlechtsverkehr ist in den späteren Stadien der Demenz vielleicht nicht mehr möglich oder erwünscht. Sherman (1988) stellt fest: «In der Anfangsphase der Demenz entwickelte neue Ausdrucksformen der Intimität können in den späteren Stadien der Krankheit oft noch einige Zeit fortgesetzt werden.»

Primäre Betreuer, die sich bemühen, ihre Angehörigen so gut wie möglich zu pflegen, geraten oft an den Rand der emotionalen und körperlichen Erschöpfung. Dann brauchen sie Unterstützung durch Sozialstationen, die ihnen bei der täglichen Pflege helfen und es ihnen ermöglichen, sich um unerledigte familiäre oder persönliche Angelegenheiten zu kümmern und sich eine Auszeit zu gönnen, um sich neu auf ihre Betreuerrolle einzustellen und Dinge zu unternehmen, die ihnen helfen, etwas für ihre Gesundheit und ihr Wohlbefinden zu tun. Der Besuch einer Unterstützungsgruppe kann für primäre Betreuer ebenfalls hilfreich sein. Dort können sie ihre Kenntnisse und Fähigkeiten im Umgang mit der Demenz verbessern und sich mit anderen Betreuern darüber austauschen, wie die Demenz sich auf ihr Leben auswirkt.

Die meisten Betreuer sagen, dass sie für diese Rolle nicht ausgebildet wurden! Burns (2010) sieht dies genauso: «Ein Mensch wird zufällig zum Betreuer und braucht daher Zeit, um sich daran zu gewöhnen, sich zu öffnen und ohne Angst die Fragen zu stellen, die gestellt werden müssen, damit er die Antworten bekommt, die er braucht, um seine Rolle erträglicher zu machen.» Viele dieser Fragen, besonders solche zum sexuellen Verhalten, und die Antworten können in der Unterstützungsgruppe zum Nutzen aller Anwesenden diskutiert werden. Die Teilnahme an einer Unterstützungsgruppe bietet den Betreuern die Möglichkeit, Netzwerke zu bilden und sich mit anderen über Gefühle und Erfahrungen auszutauschen.

Auch Programme wie Living with Memory Loss (Leben mit Gedächtnisverlust) können eine große Hilfe sein. «Diese Gruppen sind speziell auf Menschen im Frühstadium der Demenz abgestimmt, aber auch Menschen mit Gedächtnisverlust können allein daran teilnehmen, wenn sie mögen. Jedes Programm bietet Menschen mit Gedächtnisverlust und ihren Angehörigen oder Freunden die Möglichkeit, relevante Probleme unter sich zu diskutieren. Nach Abschluss des Programms wird kontinuierliche Unterstützung angeboten» (Alzheimer's Australia, 2008).

Für Menschen, die in einer gleichgeschlechtlichen Beziehung leben, ist es vielleicht nicht so einfach, an einer gemischten Gruppe für Betreuer teilzunehmen und sich den Mitgliedern zu offenbaren. Um das Zusammenleben zweier gleichgeschlechtlicher Personen für die Außenwelt plausibel erscheinen zu lassen, haben sie ihre Beziehung vielleicht geheim gehalten und sich als Freunde ausgegeben, die sich aus finanziellen oder ähnlichen Gründen eine Wohnung teilen. Doch um in der Unterstützungsgruppe optimal informiert zu werden, in vollem Umfang teilnehmen und sich über Gefühle austauschen zu können, sagt Mackenzie (2009), «müssen Menschen, die dies betrifft, sich ‹outen›». Mackenzie schreibt weiter «Sich zu offenbaren löst oft negative Gefühle aus, es wird meistens als belastend empfunden und dies um so mehr, wenn die Person, die sich offenbart, verletzlich ist.» Daher sollte der gleichgeschlechtliche Partner den Leiter der Gruppe vorab informieren, damit dieser schon vor der Gruppensitzung über die sexuelle Orientierung des neuen Mitglieds Bescheid weiß. Das Gefühl, verletzlich zu sein, wird sich wahrscheinlich legen, wenn die schwule oder lesbische Person erfährt, dass die Ziele der Unterstützungsgruppen für Betreuer darauf ausgerichtet sind, einen Rahmen zu schaffen, in dem offen und in einer angenehmen Atmosphäre diskutiert werden kann und dass die Regel gilt: «Über Informationen oder Gefühle, die in der Sitzung thematisiert werden, wird außerhalb der Sitzung niemals gesprochen» (Mackenzie, 2009).

Erst wenn der primäre Betreuer aufgrund der fortschreitenden Demenz eine deutliche Veränderung des Verhaltens feststellt – etwa ein gestörtes Schlafmuster, Umherwandern, aggressives Verhalten, Harn- und Stuhlinkontinenz und, bedingt durch den Verlust der Hemmungen, unangemessenes sexuelles Verhalten – wird die Situation wirklich schwierig. Aber wie die Fallstudien in diesem Kapitel zeigen, gibt es verschiedene Möglichkeiten, diesen Problemen zu begegnen.

4.1 Nykturie und Inkontinenz

Nykturie kann eine Ursache für Schlafstörungen sein. Der Betroffene wacht einmal oder mehrmals in der Nacht auf, um seine Blase zu entleeren (Van Kerrebroeck et al., 2002). Wenn er aufgestanden ist, findet er oft nicht mehr ins Bett zurück, wandert im Heraus umher, wird unruhig, bekommt Angst und ist hellwach. Der Betreuer, inzwischen auch hellwach, bringt den Betroffenen zurück ins Bett und anschließend haben beide Schwierigkeiten, wieder einzuschlafen, wie die Fallstudie von Mr Delaney zeigt (unten). Ein Nachtlicht kann die Orientierung erleichtern. Ein Nachtstuhl neben dem Bett ist für Frauen zu empfehlen. Ein Urinal oder Eimer in Reichweite hilft Männern, die Blase zu entleeren, ohne dass ihr Schlaf zu sehr gestört wird. Es ist ratsam, den Rand des Eimers mit leuchtender Farbe zu markieren, damit er nachts gut sichtbar ist.

Auch Harninkontinenz ist ein Problem, das dem Alter zugeschrieben wird. Dies trifft nicht immer zu und es stimmt auch nicht, dass Harninkontinenz eine Begleiterscheinung der Demenz ist. Menschen mit Demenz können alle Probleme haben, von denen auch geistig gesunde Menschen betroffen sind. Anstatt zu saugfähigen Einlagen zu greifen, setzt der Besuch bei einer Kontinenzberatungsstelle den Problemlösungsprozess in Gang.

Kasten 4-1:

Fallstudie: Mr Delaney

Schädigung des Stirnhirns.

Bei Mr Delaney, 71 Jahre alt, wurde 18 Monate zuvor Demenz diagnostiziert. Er lebt zu Hause und wird von seiner Frau betreut.

Das Problem

Nykturie.

Bedingt durch die Nykturie wurde Mr Delaney immer wieder aus dem Schlaf gerissen. Wenn er aufstand, um seine Blase zu entleeren, konnte er anschließend nicht wieder einschlafen. Leider wurde er durch die Nähe seiner Frau sexuell erregt und so wurde die körperlich erschöpfte Mrs Delaney Nacht für Nacht das Ziel der leidenschaftlichen Annäherungsversuche ihres Mannes. Das lustvolle Vorspiel, das beide immer sehr genossen hatten, schien er dabei völlig vergessen zu haben. Die grobe Behandlung und die wiederholten sexuellen Forderungen, die dadurch bedingt waren, dass Mr Delaney die vorigen schon wieder vergessen hatte, machten die Situation für die von Schlafmangel geplagte Mrs Delaney schwer erträglich. Man kann sich gut vorstellen, dass diese Art von ständig wiederkehrendem Verhalten die einst liebevolle Beziehung stark belastete. Mrs Delaney vertraute den Mitarbeitern der Sozialstation an: «Es ist schwer, die Geliebte zu sein, wenn man seinem Mann den Po abwischen muss und er sich nicht einmal mehr daran erinnert, dass wir früher immer sehr liebevoll und zärtlich miteinander umgegangen sind».

Nykturie ist ein häufiges Problem bei älteren Menschen, aber es ist keine Begleiterscheinung der Demenz. Die Störung kann viele Ursachen haben und bedarf einer gründlichen Untersuchung. Hilfe findet man bei einer Kontinenzberatungsstelle, die oft in einem Akutkrankenhaus oder im Gesundheitszentrum der Gemeinde zu finden ist. In Mr Delaneys Fall war die Ursache des Problems eine vergrößerte Prostata, die von einem Urologen behandelt wurde. Nachdem die Nykturie beseitigt war, schlief Mr Delaney zur großen Erleichterung seiner Frau die ganze Nacht durch und störte sie nicht mehr.

Beim Wechsel der saugfähigen Inkontinenzeinlagen kommt es besonders bei Männern mit Demenz häufig zu einer sexuellen Erregung. Diese unerwartete sexuelle Reaktion stiftet oft Verwirrung bei dem primären Betreuer oder den Mitarbeitern der Sozialstation, die den Betroffenen für die Dusche vorbereiten wollen. Die Mitarbeiter der Sozialstation, die sich um den Betroffenen kümmern, sind meistens schockiert und der primäre Betreuer ist peinlich berührt und frustriert. Der primäre Betreuer, gewöhnlich die Ehefrau, entschuldigt sich wortreich für das unangemessene Verhalten. Doch die unerwünschten und unerwarteten sexuellen Annäherungsversuche oder Bemerkungen in solchen Situationen haben eine ganz einleuchtende Erklärung. Eine Frau, die sich bei ihrer Tätigkeit auch mit den männlichen Genitalien beschäftigt, kann eine sexuelle Erregung auslösen, und Männer mit beeinträchtigten kognitiven Fähigkeiten sind nicht in der Lage, die Realität oder die Bedeutung der Tätigkeit richtig einzuschätzen. Deshalb reagieren sie so!

Primäre Betreuer sollten wissen, dass solche Situationen durch eine genaue Einschätzung der Harninkontinenz vermieden werden können. So kann die Art der Inkontinenz festgestellt und eine entsprechende Behandlung eingeleitet werden. Es gibt erfolgreiche Kontinenzprogramme, die die Verwendung von saugfähigen Einlagen überflüssig machen und damit den Auslöser der sexuellen Erregung beseitigen.

Eine Verstopfung kann die Ursache für aggressives Verhalten sein, das für primäre Betreuer schwer erträglich ist. Trotzdem wird ein Zusammenhang zwischen Verstopfung und diesem Verhalten nur selten in Erwägung gezogen. Mit zunehmendem Alter büßen die Muskeln einen Teil ihrer Kontraktionsfähigkeit ein, besonders der Muskel im Darm. Dieser Muskel arbeitet ähnlich wie eine Raupe, die sich erst aufrichtet und dann nach vorne schiebt. Durch diese Bewegung wird der Kot im Gastrointestinaltrakt weitertransportiert und bei passender Gelegenheit ausgeschieden.

Bedingt durch den Alterungsprozess wird der Kot im Darm langsamer transportiert, was häufig dazu führt, dass er im oberen Teil des Dickdarms stecken bleibt. Der Betroffene fühlt sich unwohl, hat Schmerzen und wird unruhig. Wird dies nicht erkannt, kann die Unruhe irgendwann in aggressives Verhalten umschlagen.

Stecken gebliebener Kot ist auch eine mögliche Ursache für Stuhlinkontinenz. Klug wie unser Körper ist, versucht er stets, Unregelmäßigkeiten auszugleichen. Wird der Kot nicht weitertransportiert, produziert er eine Flüssigkeit, eine Art Schmiermittel, damit der stecken gebliebenen Kot im Darm weitertransportiert werden kann. Die Flüssigkeit nimmt die Farbe des Kots an und sickert schließlich durch den Darmausgang nach außen, was fälschlicherweise oft mit Durchfall verwechselt wird. Diese Stuhlinkontinenz wird meistens mit saugfähigen Einlagen aufgefangen und beim Wechseln der Einlagen kann es auch hier zu einer unerwünschten sexuellen Erregung kommen. Die Lösung liegt darin, Verstopfungen zu vermeiden; dann haben das aggressive und das unangemessene sexuelle Verhalten ein Ende.

Briggs (2004) gibt folgende Tipps zur Vermeidung von Verstopfungen:

- Eine halbe Stunde vor dem Frühstück ein Glas heißes Wasser trinken.

- Auf regelmäßigen Stuhlgang achten, vorzugsweise eine halbe Stunde nach dem Frühstück.
- Die Flüssigkeitszufuhr schrittweise auf 8–10 Tassen erhöhen, vorausgesetzt es liegt keine Herz- oder Nierenerkrankung vor.
- Regelmäßiges Training: jeden Tag 20 Minuten spazieren gehen, bis Sie etwas außer Atem sind.
- Auf gute, ballaststoffreiche Ernährung achten; jeden Tag Vollkornbrot, drei Obst- und fünf Gemüsesorten zu sich nehmen.

Kasten 4-2:

Fallstudie: Mrs Owens

Emotional unberechenbares Verhalten und Abnahme der sozialen Kompetenz.
Mrs Owens, 77 Jahre alt, hat seit zwei Jahren die Alzheimer-Krankheit. Sie wird von ihrem Ehemann zu Hause betreut.

Das Problem
Eifersucht und Paranoia.

Mrs Owens bekam täglich Besuch von den Mitarbeitern der Sozialstation, die ihr beim Duschen und bei anderen hygienischen Maßnahmen halfen. Mrs Owens beschuldigte ihren Mann und die junge Mitarbeiterin wiederholt, heimlich eine Affäre zu haben, was Mr Owens und der Mitarbeiterin äußerst peinlich war. Ihre Gedanken nahmen paranoide Züge an und sie sagte immer wieder. «Ich höre, was ihr sagt, euer Gekicher und Gelächter, ich weiß, dass ihr Sex habt, sobald ich euch den Rücken kehre.»

Mrs Owens war durch keine rationalen Argumente vom Gegenteil zu überzeugen. Es wurden andere Mitarbeiter geschickt und immer wenn ein Mann sich um sie kümmerte, hörten die Beschuldigungen auf. Doch die Sozialstation konnte nicht immer nur Männer schicken und sobald eine junge Mitarbeiterin erschien, war die Eifersucht wieder da. Für Mr Owens stellte die Eifersucht seiner Frau ein großes Problem dar. Er war auf die Hilfe angewiesen, wusste aber nicht, wie er mit den Konsequenzen umgehen sollte.

Eifersucht war für das Ehepaar nichts Neues. Mrs Owens hatte ihren Mann bei geselligen Veranstaltungen auch früher nie aus den Augen gelassen. Mr Owens sagte, «es hat immer wieder Streit gegeben, wenn eine andere Frau mir ihre Aufmerksamkeit schenkte». Mit Blick auf die gegenwärtigen Probleme sagte er resigniert: «Nichts hat sich verändert, jetzt, wo sie die Alzheimer-Krankheit hat … so ist sie eben!»

Das Problem mit der Eifersucht konnte gelöst werden, als die Leiterin der Sozialstation das Problem an eine klinische Pflegeberaterin weiterleitete, die ein Treffen mit Mr Owens und der jungen Frau vereinbarte, die Mrs Owens betreute. Die junge Frau wurde zu dem Treffen eingeladen, weil sie in die Lösung einbezogen werden sollte und um ihr nicht das Gefühl zu vermitteln, schlecht behandelt zu werden. Folgende Strategien wurden implementiert:

- Der Besuch der Mitarbeiterin sollte möglichst wenig Aufsehen erregen.
- Die junge Frau sollte nicht von Mr Owens begrüßt werden, sondern selbst ins Haus kommen, ihre Arbeit so gut wie immer verrichten und dabei möglichst wenig Aufmerksamkeit auf sich ziehen.
- Alle Gespräche sollten in Anwesenheit von Mrs Owens stattfinden.
- Es sollten keine Gespräche in einem anderen Raum stattfinden; sämtliche Veränderungen der Pflege, die nicht in Mrs Owens' Gegenwart besprochen werden sollten, sollten mit der Leiterin der Sozialstation telefonisch besprochen werden.
- Die junge Mitarbeiterin sollte das Haus diskret wieder verlassen, ohne dass Mr Owens sich von ihr verabschiedete oder sich bei ihr bedankte.

Die Strategien führten zu einem guten Ergebnis: Mrs Owens war beruhigt und ihr Misstrauen legte sich. Mr Owens war zufrieden, da seine körperlichen Kräfte immer mehr abnahmen und er auf die Unterstützung der Sozialstation angewiesen war.

4.2 Die Probleme der primären Betreuer

Primäre Betreuer, die sich neben all den mit der Betreuung verbundenen Aufgaben auch noch um den Haushalt kümmern und sich bemühen, familiäre Kontakte aufrechtzuerhalten, sind mehrfach belastet. Kein Wunder, dass unerwartet auftretende schwierige Situationen, wie im Fall von Mrs Owens, sie überfordern. Charakterliche Eigenschaften treten durch den Prozess der Demenz oft deutlicher hervor und im Fall von Mrs Owen nahm das Misstrauen paranoide Züge an.

Die Betreuung fordert von den primären Betreuern einen hohen emotionalen Tribut. Sie sind ständig mit Verlust und Trauer konfrontiert, weil sie erleben, dass der Zustand des Menschen, den sie betreuen, sich kontinuierlich verschlechtert und seine frühere Persönlichkeit immer mehr verloren geht. Die Rollen kehren sich um und Söhne oder Töchter werden zum Elternteil und legen angesichts der vielfältigen Anforderungen, die ihnen Energie und Zeit rauben, ihr eigenes Leben auf Eis, wie der folgende Fall von Mr und Mrs Harrison zeigt.

Kasten 4-3:
Fallstudie: Mrs Polanski

Deutliche Verschlechterung des sozialen Verhaltens und der sprachlichen Fähigkeiten. Unfähigkeit, sich an Wörter oder die Namen von Menschen oder Gegenständen zu erinnern.
Bei Mrs Polanski, 86 Jahre alt, wurde zwei Jahre zuvor die Diagnose vaskuläre Demenz gestellt. Später vermutete man, sie habe nicht nur eine vaskuläre Demenz, sondern auch die Alzheimer-Krankheit.

Das Problem
Sozial anstößiges Verhalten.

Mrs Polanskis Gesundheitszustand und ihre Funktionsfähigkeit im Alltag hatten sich drastisch verschlechtert. Da kurz zuvor auch noch ihr Mann gestorben war, zog sie zu ihrer Tochter, Mrs Harrison, und deren Ehemann. Mutter und Tochter hatten sich immer sehr nahe gestanden, doch jetzt war Mrs Harrison zunehmend frustriert über das Verhalten ihrer Mutter. Mrs Polanski zog sich immer wieder aus und spazierte nackt im Haus und im Garten umher. Sie tat dies auch in Gegenwart von Mr Harrison, dem dies sehr peinlich war, vor den Augen der Nachbarn und auch wenn die Enkelkinder zu Besuch kamen. Mrs Polanskis sozial anstößiges Verhalten war für alle ein Problem.

Das Verhalten der Mutter verursachte auch Spannungen zwischen den Eheleuten, besonders wenn die Enkelkinder sich über ihre nackte Großmutter beschwerten. Mrs Harrison sprach ihre Probleme in ihrer Unterstützungsgruppe an und suchte Rat bei einer erfahrenen klinischen Pflegeberaterin.

Zunächst erfuhr sie, dass bei Mrs Polanski das im Hypothalamus lokalisierte Temperaturempfinden durch die Demenz gestört sein könnte und dass sie sich entkleidete, weil ihr zu warm war. Daraufhin war die Klimaanlage Tag und Nacht in Betrieb, aber Mrs Polanski zog sich weiterhin aus.

Der Vorschlag, einen Poncho aus Seide immer griffbereit zu haben und ihn Mrs Polanski umzulegen, sobald sie sich entkleidete, löste das Problem. Es war nicht weiter wichtig, dass sie keine Unterwäsche trug, es ging lediglich darum, ihr Schamgefühl zu stärken, was mithilfe des Ponchos gelang. Mrs Polanski sträubte sich nicht gegen den Poncho, im Gegenteil, sie mochte das seidige Gefühl des Kleidungsstücks und trug es gerne. Zusätzlich wurde ein Kaftan aus Seide angeschafft, den Mrs Polanski trug, wenn sie aus dem Haus ging. Sie ließ sich von Mrs Harrison ankleiden, weil sie, bedingt durch ihre Demenz, die Kleidungsstücke nicht mehr in der richtigen Reihenfolge anziehen konnte.

Mrs Harrison fiel schließlich noch ein, dass weder ihre Mutter noch ihr Vater im Bett Nachtwäsche trugen, wahrscheinlich deshalb, weil in den ersten Jahren ihrer Ehe während des Krieges in Polen die Kleidung rationiert wurde.

Mrs Harrison sah ein, dass sich diese alten Gewohnheiten tief im Gedächtnis ihrer Mutter eingegraben hatten und anstatt darauf zu bestehen, dass Mrs Polanski einen Schlafanzug anzog, ließ sie ihre Mutter nackt schlafen und gab ihr einen Morgenmantel aus Satin, den sie beim Aufstehen anziehen konnte. Auch in diesem Kleidungsstück aus Satin fühlte Mrs Polanski sich wohl und das Ausziehen hatte ein Ende.

Mrs Harrison und ihre Familie profitierten sehr von der Unterstützungsgruppe; Mrs Harrison wurde an eine Spezialistin überwiesen, die das Problem objektiv prüfen und eine geeignete Lösung finden konnte. Wie bereits erwähnt, können Unterstützungsgruppen für Betreuer eine große Hilfe sein. Ich hoffe, dass die Informationen in diesem Kapitel alle primären Betreuer veranlassen werden, eine Unterstützungsgruppe zu besuchen. Über die Alzheimer-Hotline erfahren Sie, wann und wo eine Unterstützungsgruppe für Betreuer in Ihrer Nähe stattfindet.

Es ist keine leichte Aufgabe, einen Menschen mit Demenz zu Hause zu betreuen. Die Betreuer sind sehr frustriert, wenn sie nicht mehr verstehen können, was die Betroffenen sagen oder wenn diese dieselbe Frage oder Äußerung ständig wiederholen. So etwas kann sehr zermürbend sein. Doch meistens sind es die Dinge «unterhalb der Gürtellinie», wie unangemessenes sexuelles Verhalten oder Harn- bzw. Stuhlinkontinenz, die das Fass zum Überlaufen bringen. Deshalb ist es so wichtig, sich Hilfe zu suchen, wenn solche Probleme auftreten. Die Leiter von Unterstützungsgruppen oder die Alzheimer-Hotline können primäre Betreuer an die richtigen Stellen, Personen oder Informationsmaterialien verweisen. Es ist wichtig zu wissen, dass Harn- oder Stuhlinkontinenz keine normale Begleiterscheinung der Demenz ist – gewöhnlich treten diese Probleme in den späteren Stadien auf, wenn palliative Maßnahmen zur Anwendung kommen. Primäre Betreuer, die von der Betreuerrolle überfordert sind, tun sich oft sehr schwer mit der Entscheidung, die Betreuung an eine Pflegeeinrichtung zu delegieren. Es ist zu hoffen, dass der Gedanke, sich auch weiterhin um den Betroffenen kümmern zu können, sie tröstet, auch wenn jetzt professionelle Betreuer für die Pflege zuständig sind. Der primäre Betreuer kann den Betroffenen ganz entspannt besuchen und die «liebevolle» Beziehung fortsetzen.

5 Kontaktaufnahme

In diesem Kapitel wird das erprobte und getestete PLISSIT-Pflegemodell vorgestellt. Es hilft den Mitarbeitern von Pflegeeinrichtungen, bei Problemen mit sexuellem Verhalten Kontakt zu primären Betreuern aufzunehmen, die peinlich berührt oder besorgt sind.

> «Ich habe die Erfahrung gemacht, dass Menschen vergessen, was man gesagt hat, vergessen, was man getan hat, aber sie vergessen nie das Gefühl, das man in ihnen ausgelöst hat.»
>
> *Maya Angelou (2009)*

Wenn ein Mensch mit Demenz in einer Pflegeeinrichtung für ältere Menschen untergebracht wird, ist es wichtig, sich mit den primären Betreuern der Betroffenen regelmäßig auszutauschen. Unangemessenes sexuelles Verhalten kann der Grund gewesen sein, dass die primären Betreuer mit dem Betroffenen zu Hause nicht zurechtgekommen sind und auf die Hilfe einer Sozialstation verzichtet haben. Primäre Betreuer sind wegen des unangemessenen Verhaltens oft ratlos, frustriert, peinlich berührt oder beunruhigt und sie sprechen meistens auch nicht gerne darüber.

Primäre Betreuer, die ihren Angehörigen oder Freund in einer Pflegeeinrichtung untergebracht haben, leiden häufig unter Schuldgefühlen und meinen, sie hätten ihren Angehörigen oder Freund im Stich gelassen. Äußerungen wie die folgende sind typisch:

> «Es ist schwer, sich an das veränderte Verhalten zu gewöhnen. Unser Angehöriger war immer sehr zurückhaltend in puncto Sexualität und hat sich noch nie in der Öffentlichkeit sexuell auffällig benommen. Uns ist das sehr peinlich.»

Solche Äußerungen sind eine gute Gelegenheit für die Mitarbeiter, den primären Betreuer taktvoll und diskret zu fragen, ob er über seine Sorgen und Gefühle sprechen möchte. Ist er einverstanden, sollte der Mitarbeiter mit ihm einen Ort aufsuchen, wo sie ungestört und in einer geschützten und entspannten Atmosphäre über das störende Verhalten sprechen können. Die Mitarbeiter müssen auch die Bedürfnisse gleichgeschlechtlicher Partner, die den Betroffenen jahrelang betreut haben, berücksichtigen und einfühlsam darauf eingehen. Deren Sorgen und Belange werden nämlich häufig ignoriert oder beiseite geschoben, wenn Familienmitglieder das Recht, Entscheidungen zu treffen, für sich beanspruchen.

Da die Offenbarung von Gefühlen für den primären Betreuer eine hoch emotionale Angelegenheit ist, braucht er viel Unterstützung. Daher sollte der Mitarbeiter, der ihn unterstützt, kein Problem mit dem Thema Sexualität haben. In einigen Fällen ist es vielleicht ratsam, den primären Betreuer an einen erfahreneren Mitarbeiter zu verweisen, der fähig und selbstsicher genug ist, über das Thema zu sprechen.

Doch ganz gleich, wie erfahren der Mitarbeiter ist, er muss eine Beziehung zu dem primären Betreuer aufbauen. Hier kommt das in der Sexualtherapie erprobte und getestete PLISSIT-Modell ins Spiel

(Annon, 1976). Nach Rheaume et al. (2008) wurde dieses Modell zuerst «bei jungen Erwachsenen eingesetzt, aber auch bei älteren Erwachsenen kommt es heute zum Einsatz und hilft, deren Sexualität einzuschätzen und geeignete Intervention zu planen». Davis et al. (2006) schreiben dazu: «Es liefert den Gesundheitsfachleuen einen interventionsorientierten Ansatz, der den Einstieg in das Thema Sexualität ermöglicht.» Ich habe eine von mir abgewandelte Form dieses Modells als Orientierungshilfe für Gespräche mit primären Betreuern über Sexualität verwendet und festgestellt, dass es die Gesprächseröffnung erleichtert und logisch strukturierte Informationen liefert.

- PLISSIT ist ein Akronym (P-LI-SS-IT) für:
- Permission (Erlaubnis)
- Limited Information (gezielte Informationen)
- Specific Suggestions (individuelle Empfehlungen)
- Intensive Therapie (intensive Therapie).

5.1 Erlaubnis

Die Bitte um die «Erlaubnis», über das sexuell unangemessene Verhalten eines Menschen mit Demenz sprechen zu dürfen, dient dazu, Hemmungen abzubauen und gibt dem Mitarbeiter die Gelegenheit, die Belange des primären Betreuers zu thematisieren, sich seine Probleme und Bedenken anzuhören und mit ihm zu besprechen. Der Mitarbeiter soll dem primären Betreuer das Gefühl vermitteln, dass er verstanden wird und ihm signalisieren, dass seine Gefühle völlig normal sind. So wird eine vertrauensvolle Atmosphäre geschaffen und der Grundstein für ein offenes Gespräch gelegt.

Der primäre Betreuer schämt sich vielleicht nicht nur, sondern braucht unter Umständen auch mehr Informationen über den Krankheitsprozess. Besonders wenn der primäre Betreuer der Sohn oder die Tochter ist und sieht, dass der Vater oder die Mutter eine neue Beziehung hat, wird die Befürchtung geäußert, dass die Situation die Entscheidungsfähigkeit der Mutter oder des Vaters überfordert. Vermutlich spielen dabei aufgestaute Gefühle der Angst oder sogar Feindschaft eine Rolle, die zum Ausdruck gebracht werden müssen. Es ist wichtig, dem primären Betreuer zu vermitteln, dass aller irrigen Auffassungen und falschen Vorstellungen zum Trotz, sexuelle Wünsche und Interessen ein Leben lang bestehen bleiben. Ein Mensch, der allein in einer Pflegeeinrichtung lebt und früher eine enge, sexuell aktive Beziehung hatte, wird selbst mit der Diagnose Demenz eine neue intime Beziehung suchen. Kamel et al. (2004) weisen darauf hin, «das sexuelles Verhalten normal ist und sich in vielerlei Hinsicht sogar positiv auswirkt».

Kasten 5-1:
Fallstudie: Mr Howard

Schädigung des Stirnhirns.
Mr Howard, 76 Jahre alt, hatte nach dem Tod seiner Frau die letzten beiden Jahre bei seiner Tochter, Mrs Green, gelebt. Er hatte vaskuläre Demenz in fortgeschrittenem Stadium und brauchte mehr Unterstützung, als seine Tochter ihm geben konnte. Daher lebte er seit kurzem in einer Pflegeeinrichtung für Menschen mit intensivem Pflegebedarf.

Das Problem
Anstößiges sexuelles Verhalten in der Öffentlichkeit: entkleiden, sich anderen zeigen und in öffentlichen Bereichen masturbieren.

Nachdem die Eingewöhnungszeit vorbei war, traten die beschriebenen sexuellen Probleme auf. Sie waren ein große Herausforderung für das Pflegepersonal, Mrs Green und die anderen Besucher der Einrichtung, weil Mr Howard in den öffentlichen Bereichen vor den Augen aller masturbierte.

Obwohl Mrs Green die «Erlaubnis» gegeben hatte, über das unangemessene sexuelle Verhalten ihres Vaters zu sprechen, reagiert sie während des Gesprächs sehr emotional und sagte: «Bevor mein Vater vor sechs Monaten in die Pflegeeinrichtung kam, hatten wir diese Probleme mit ihm auch zu Hause. Er war immer ein «Gentleman» gewesen und es war sehr schlimm zu sehen, wie sich sein

Verhalten veränderte. Er zeigte sich und bedrängte unsere 15-jährige Tochter und mich jedes Mal wenn er sah, dass wir, egal ob bekleidet oder unbekleidet, in die Dusche oder zur Toilette gehen wollten.

Mrs Greens Empörung wuchs, als sie sagte: «Ich konnte dieses Verhalten nicht akzeptieren und dies war auch der Grund, weshalb er ins Pflegeheim musste. Ich will nicht, dass meine Tochter ihren Großvater als «schmutzigen alten Mann» in Erinnerung behält. Er war ein guter Vater und Großvater und ich möchte, dass er uns als anständiger Mensch in Erinnerung bleibt!»

Mrs Green war sehr erleichtert, als sie «Informationen» bekam, die das Verhalten ihres Vaters erklärten. Ein Blick auf die CT-Aufnahme, die vor der Heimunterbringung gemacht worden war, zeigte eine vaskuläre Schädigung des Stirnhirns. Dies war eine gute Gelegenheit, Mrs Green über die Störung aufzuklären. Dies half ihr zu verstehen, dass ihr Vater seine Hemmungen im sozialen und sexuellen Bereich eingebüsst hatte.

Bei dem Gespräch wurde Mrs Green auch gefragt, ob sie sich an Situationen erinnern könne, die Rückschlüsse auf die sexuellen Aktivitäten ihrer Eltern zuließen. Sie überlegte einen Moment und meinte dann augenzwinkernd: «Ich glaube, sie hatten ein ziemlich aktives Sexualleben. Beide hatten einen anspruchsvollen Beruf und am Wochenende bekamen meine Schwester und ich immer Geld für die Kinovorstellungen am Samstag und am Sonntag. Meine Eltern sagten uns, wir sollten uns auf dem Heimweg ruhig Zeit lassen. Wenn ich so darüber nachdenke, wirkten meine Eltern bei unserer Rückkehr immer sehr glücklich und zufrieden, wie zwei richtige Turteltäubchen würde ich sagen. Die Abende an den Wochenenden waren bei uns zu Hause immer sehr schön!»

Diese wertvolle Information von Mrs Green war sehr wichtig für den Problemlösungsprozess. Mrs Green war über den guten Verlauf des Gesprächs sehr erleichtert und ausgesöhnt mit der Situation. Sie berichtete noch mehr über das Leben, den Beruf, die Vorlieben, Abneigungen und Hobbys ihres Vaters. Sie erzählte, ihr Vater sei früher Boxtrainer gewesen. Auch diese Information war äußerst wertvoll für die Planung der Pflege.

Um Mrs Green auch weiterhin zu unterstützen, wurde ihr empfohlen:

- Ihren Vater weiter regelmäßig besuchen, um die seit jeher enge Beziehung zu ihm, aufrechtzuerhalten. Die professionellen Betreuer sollten für die «Pflege» und sie und ihre Familie für die «Zuwendung» zuständig sein.
- Sich bewusst zu machen, dass ihre Meinung stets gefragt sei und sie jederzeit Einfluss auf die Pflege ihres Vaters nehmen könne.
- In eine Unterstützungsgruppe für Betreuer zu gehen. Dort würde sie viel über die Krankheit lernen und von den Betreuernetzwerken und dem damit verbundenen Austausch von Bewältigungsstrategien sehr profitieren.
- Für ihren Vater ein Fotoalbum mit wichtigen Ereignissen aus seinem Leben zusammenstellen, um sein Gedächtnis zu unterstützen und für ausreichend Gesprächsstoff zu sorgen.
- Ihre Zustimmung zu geben, dass ein Heilmasseur engagiert wird, der ihrem Vater die wohltuende Berührung schenken kann, auf die er jetzt verzichten muss, und sich an dessen Finanzierung zu beteiligen.
- Wann immer sie möchte, mit dem Pflegepersonal über Dinge zu sprechen, die ihr oder ihrer Familie Sorgen machen.
- Professionelle Hilfe, d. h. eine gezieltere «intensive Therapie», in Anspruch zu nehmen, falls sie immer noch Schuldgefühle wegen der Heimunterbringung ihres Vaters haben sollte.

Da Mr Howard in seinen jungen Jahren Boxtrainer gewesen war, der vor einem Kampf «seine Boxer kräftig mit ätherischen Ölen» eingerieben hatte, erklärte sich Mrs Green einverstanden, einen Heilmasseur zu engagieren. Der Masseur kam zwei Mal in der Woche, was Mr Howard sehr genoss, da es angenehme Erinnerungen weckte. Sobald Mr Howard den Masseur sah, zog er sein Hemd aus, legte sich auf sein Bett, drehte sich auf den Bauch, bot ihm seinen Rücken dar und gab so zu verstehen, dass er mit der Massage einverstanden war. Sobald die wohltuende Berührung Teil von Mr Howards Pflegeplan war, hatte die Masturbation in der Öffentlichkeit ein Ende. Das von Mrs Green zusammengestellte Fotoalbum enthielt Fotos aus den ersten gemeinsamen Jahren von Mr und Mrs Howard und half Mr Howard, angenehme Erinnerungen aus der damaligen Zeit noch einmal zu erleben. Mrs Green nahm zusätzlich die Lieblingslieder ihres Vaters auf Tonband auf. Diese Interventionen beendeten das unangemessene Verhalten.

Mrs Green war sehr froh über die Möglichkeit, ihre Probleme zu äußern und an einem Prozess mitzuwirken, der die Lebensqualität ihres Vaters verbesserte. Als sie sich bei den Mitarbeitern bedankte, sagte sie, sie brauche jetzt keine weitere Beratung mehr, weil sie das sozial anstößige Verhalten ihres Vaters nun verstehen könne und sie wisse es zu schätzen, dass sie in die Pflegeplanung ihres Vaters einbezogen worden sei und dies auch in Zukunft geschehen würde.

5.2 Gezielte Informationen

Es ist ratsam, den primären Betreuern gleich zu Beginn «gezielte Informationen» zu geben, damit sie den Prozess der Demenz verstehen und wissen, wie er sich auf die Sexualität der betroffenen Menschen auswirkt. Zur Vertiefung kann man ihnen Unterlagen oder Broschüren zur Verfügung stellen, damit sie sich in Ruhe mit dem Thema auseinandersetzen und später in den Meetings gezielte Fragen stellen können. Um sie nicht zu überfordern, sollten Sie ihnen am Anfang nicht zu viel Lesestoff zumuten, sondern ihnen das Material anbieten, das Sie gerade brauchen.

Primäre Betreuer brauchen die Telefonnummer von Hilfsdiensten sowie die Adressen von Zentren für Demenz und Gedächtnistraining, Beratungsstellen und lokalen Unterstützungsgruppen für Betreuer. Ebenfalls wichtig sind Informationen über die Vorzüge von Unterstützungsgruppen für Betreuer.

5.3 Individuelle Empfehlungen

Im Verlauf des Gesprächs können Sie mit dem primären Betreuer über «individuelle Empfehlungen» sprechen, die in den Pflegeplan integriert werden können. Diese können helfen, unerfüllte sexuelle Bedürfnisse zu kompensieren. Eine solche «individuelle Empfehlung» könnte die

Anwendung sensorischer Therapien sein wie Heilmassage, Aromatherapie oder Musik etc. Bei dieser Gelegenheit können Sie auch den primären Betreuer nach seinen Möglichkeiten der finanziellen Beteiligung fragen für den Fall, dass empfohlen wird, einen Heilmasseur zu engagieren.

Der primäre Betreuer könnte auch gebeten werden, ein Buch über die Lebensgeschichte des Betroffenen und ein Fotoalbum zusammenzustellen. Beides kann später im Rahmen eines Programms verwendet werden, welches das Gedächtnis auf spielerische Art trainiert. Falls eine Beziehung jahrelang geheim gehalten wurde, sollte der professionelle Betreuer über vertrauliche Dinge des Privatlebens Bescheid wissen. Mackenzie (2009) macht in diesem Zusammenhang folgenden guten Vorschlag: der Partner wird gebeten, «eine Autobiografie zu verfassen, in der nur die Informationen enthalten sind, die in den späteren Stadien der Reise durch die Demenz ohne weiteres offenbart werden können».

Eine weitere «individuelle Empfehlung» könnte sein, den Ehepartner oder Partner einzuladen, die Nacht in der Pflegeeinrichtung zu verbringen. Diese Empfehlung wäre im Fall von Mr und Mrs Darcy (Kap. 3) sehr hilfreich gewesen. Man hätte Mrs Darcy sagen können, dass zum Schutz ihrer Privatsphäre ein Schild mit der Aufschrift «Bitte nicht stören» an die Tür gehängt wird. Man könnte den Ehepartner auch fragen, ob er einverstanden ist, den Betroffenen für eine Nacht mit nach Hause zu nehmen. Vielleicht hat der Ehepartner dann die Befürchtung, der Betroffene könnte, wenn er erst einmal zu Hause ist sich weigern, in die Pflegeeinrichtung zurückzukehren. Es ist also wichtig, jede Beziehung individuell zu behandeln.

5.4 Intensive Therapie

Primäre Betreuer sollten auf die Möglichkeit einer «intensiven Therapie» hingewiesen werden, die von auf Demenz spezialisierten Beratungsstellen, Beratern der Alzheimer-Hotlines, Sexualtherapeuten, Psychologen, Sozialarbeitern oder spezialisierten klinischen Pflegeberatern angeboten wird. Kontaktinformationen sind Voraussetzung. Der primäre Betreuer kann dann im Rahmen einer Einzelberatung mit einem neutralen Zuhörer über seine Gefühle oder besonderen Probleme sprechen.

Die Arbeit mit den Schritten des modifizierten interaktiven PLISSIT-Modells bietet dem professionellen Betreuer die Möglichkeit, dem primären Betreuer zu versichern, dass er weiterhin eine wichtige Rolle im Leben des Betroffenen spielen und, sofern der Betroffene intellektuell dazu in der Lage ist, künftig gemeinsam mit ihm in die Planung der Pflege einbezogen werden wird.

Die Fallstudie auf S. 78 ist ein gutes Beispiel dafür, wie peinlich es für eine Tochter sein kann, wenn sie mit dem krankheitsbedingt sexuell anstößigen Verhalten ihres Vaters konfrontiert wird. Dank der interaktiven Schritte des PLISSIT-Modells gelang es der klinischen Pflegeberaterin, die Befürchtungen und Sorgen der Tochter zu zerstreuen.

Auch die folgende Fallstudie von Mrs Irwin dokumentiert die Vorzüge des modifizierten PLISSIT-Modells.

Kasten 5-2:
Fallstudie: Mrs Irwin

Schädigung des Stirnhirns.
Mrs Irwin, 70 Jahre alt, hat seit 2 ½ Jahren die Alzheimer-Krankheit und lebt auf einer Station für Menschen mit Demenz.

Das Problem
Ständiger Wunsch nach Sex.

Mrs Irwin bekam jeden Tag Besuch von ihrem Mann. Mr Irwin war es äußerst peinlich, dass seine Frau ständig Sex wollte. Die für die Pflege von Mrs Irwin zuständige Mitarbeiterin spürte sein Unbehagen und bat ihn um Erlaubnis, über die Situation zu sprechen. Mr Irwin stimmte zu und war froh über die Möglichkeit, seine Probleme offenbaren zu können. Auf die Frage nach den früheren sexuellen Gewohnheiten des Ehepaares, antwortete er:

«Meine Frau und ich waren sexuell ziemlich aktiv und hatten eine sehr erfüllende Sexualität, aber jetzt habe ich den Eindruck, dass sie bedingt durch die Alzheimer-Krankheit gar nicht weiß, was sie tut; sie zieht sich aus, will mich in ihr Bett ziehen und ständig meinen Intimbereich berühren.» Er fuhr fort:

«Mir gefällt diese Situation ganz und gar nicht. Ich fürchte, wenn ich mich auf Intimitäten mit meiner Frau einlassen würde, käme ich mir vor, als würde ich ihren Zustand ausnutzen.»

Bei der Beratung erfuhr Mr Irwin, wie sich die Alzheimer-Krankheit auf das Gedächtnis und die Funktionsfähigkeit seiner Frau auswirkt, besonders auf ihre soziale Kompetenz und Hemmung. Er bekam Literatur, die er zu Hause lesen konnte.

Eine individuelle Empfehlung an Mr Irwin war, hin und wieder eine Nacht mit seiner Frau zu verbringen. Ihm wurde zugesichert, dass sie nicht gestört werden würden. Doch Mr Irwin meinte: «Es wäre mir peinlich, meine Frau hinter einer Tür zu umarmen, an der ein Schild «Bitte nicht stören» hängt. Ich müsste dann immer daran denken, dass die Mitarbeiter Bescheid wissen und würde mir vorstellen, wie sie anzüglich grinsen bei dem Gedanken, dass so ein altes Ehepaar Sex hat.»

Wegen seiner Bedenken wurden Mr Irwin einige Sitzungen bei einer erfahrenen klinischen Pflegeberaterin empfohlen. In diesen Sitzungen konnte er ausführlicher über seine Gefühle sprechen.

Während dieser «intensiven Therapie»-Sitzungen stellte sich heraus, dass das Ehepaar nie Nachtwäsche im Bett getragen hatte, sodass das Entkleiden in Mrs Irwins Langzeitgedächtnis als etwas völlig Normales abgespeichert war. Auch die innige intime Beziehung war dort gespeichert. Mr Irwin sagte: «Früher gehörte das Berühren des Intimbereichs zu unserem Vorspiel.» Was Mr Irwin schilderte, machte deutlich, dass das Verhalten von Mrs Irwin in der Vergangenheit völlig normal für das Ehepaar war.

Die Beraterin schlug Mr Irwin vor, seine Frau zu Hause übernachten zu lassen und mit ihr in der vertrauten Umgebung ihres Schlafzimmers die gewohnten Intimitäten auszutauschen. Diese Empfehlung erwies sich als so erfolgreich, dass Mr Irwin seine Befürchtungen aufgab und die Übernachtung zu einer regelmäßigen Einrichtung wurde.

Wenn die Mitarbeiter signalisieren, dass sie sich Zeit für die primären Betreuer nehmen, die eine zentrale Rolle im Leben der ihnen anvertrauten Menschen spielen, entwickelt sich ein positiver Dialog, von dem alle Beteiligten profitieren.

Die Arbeit mit dem interaktiven PLISSIT-Modell ist ein optimaler Ansatz. Zum einen fördern die Schritte den Aufbau einer vertrauensvollen Beziehung, die sowohl dem primären Betreuer als auch den Mitarbeitern zugute kommt. Besonders die primären Betreuer sind froh, über ihre Gefühle sprechen zu können. Dies hilft ihnen, die Ursache des unangemessenen sexuellen Verhaltens zu verstehen.

Zum anderen können die Mitarbeiter für die Problemlösung relevante Informationen sammeln, d.h. Informationen über die Lebensgeschichte und die sexuellen Gewohnheiten der von ihnen zu betreuenden Menschen. Manche primäre Betreuer wissen, ähnlich wie Mrs Green (S. 78), kaum etwas über die sexuellen Gewohnheiten des Betroffenen, aber vielleicht doch genug, dass sie ein paar Anhaltspunkte geben oder Eindrücke schildern können, die helfen, das Bild zu vervollständigen.

6 Der Umgang mit ethischen Dilemmas

In diesem Kapitel geht es darum, das Bewusstsein für ethische Dilemmas zu schärfen, die häufig auf Vorurteilen und falschen Vorstellungen beruhen, die das Recht der Menschen mit Demenz auf Sexualität infrage stellen. Im weiteren Verlauf werden Probleme erörtert, mit denen professionelle Betreuer konfrontiert sind, wenn ethische Dilemmas mit pflegerischen Aufgaben kollidieren.

«Ethik ist einfach nur Ehrfurcht vor dem Leben.»
Albert Schweitzer

Ethische Dilemmas entstehen meistens, wenn sich in Pflegeeinrichtungen neue Beziehungen anbahnen. Die professionellen Betreuer werden hellhörig, wenn sie merken, dass sich eine Beziehung zwischen einem Bewohner und einer Bewohnerin mit Demenz entwickelt, auch wenn beide verwitwet sind. Dies ist der Nährboden für falsche Vorstellungen und Vorurteile gegenüber dem männlichen Partner. Die professionellen Betreuer glauben, die Frau schützen zu müssen, weil sie dem Mann unterstellen, er nutze ihr eingeschränktes Entscheidungs- und Urteilsvermögen aus.

Die primären Betreuer haben oft dieselben Vorurteile. Wie in Kap. 5 erwähnt, sind es häufig die Söhne oder Töchter, die gegen die neue Beziehung sind, weil sie ihren Vater oder ihre Mutter aufgrund der Demenz nicht für fähig halten, mit Blick auf die neue Beziehung informierte Entscheidungen zu treffen. Speziell wenn es sich um die Mutter handelt, befürchten sie, es könnte Druck auf sie ausgeübt worden sein und fordern, dass die Beziehung unterbunden wird.

Diese Forderung führt zu ethischen Dilemmas, wenn Interventionen, die die Beziehung unterbinden sollen, die Wünsche des Menschen mit Demenz ignorieren, besonders wenn dieser durch sein Verhalten, z. B. entkleiden und mit einem Mitbewohner ins Bett gehen, implizit seine Zustimmung zum Ausdruck gebracht hat. Es stellt sich die Frage, ob Menschen mit Demenz überhaupt in der Lage sind, in solchen Fällen eine informierte Entscheidung zu treffen. The Attorney General's Department of New South Wales, Australia (2008) hält erwachsene Personen für rechts- und geschäftsfähig, wenn sie «in der Lage sind, eigene Entscheidungen zu treffen, die damit verbundenen Gegebenheiten und Wahlmöglichkeiten zu verstehen, die Konsequenzen einzuschätzen und die Entscheidungen zu kommunizieren».

Innerhalb des Vereinigten Königreichs, werden die Begriffe Befähigung und Interesse in den Verwaltungsbezirken etwas anders gehandhabt, doch die Grundlagen im Zusammenhang mit Interesse stimmen im Wesentlichen überein. In England und Wales ist eine Person nach dem Mental Capacity Act 2005 fähig, eine konkrete Entscheidung zu treffen, solange nicht das Gegenteil bewiesen ist; Schottland hat den Adults with Incapacity (Scotland) Act 2000; da es in Nordirland bislang noch kein entsprechendes Gesetz gibt, wird immer noch das «common law of best interest» angewendet (Nuffield, 2009). Nach Berger (2000) muss eine Person, um die konkrete Entscheidung zu treffen, sexuell aktiv zu sein, Einsichts- und Urteilsvermögen besitzen und fähig sein, die Konsequenzen ihres Handelns einzuschätzen.

[Ist in Deutschland im § 1896 Abs. 1a BGB geregelt. Anm. des Herausgebers]

Zweifel an der Fähigkeit der Menschen mit Demenz, den Entscheidungsprozess zu verstehen, führen häufig dazu, dass die Familie und die professionellen Betreuer sich über das Selbstbestimmungsrecht der Betroffenen hinwegsetzen. Die «einvernehmliche» sexuelle Aktivität bereitet ihnen Angst und Unbehagen (Metzger et al., 2002, gekürzt). Nach Archibald (2005) können «ständige Angst oder Vorwürfe vonseiten der Familien zur Folge haben, dass Pflegeeinrichtungen lieber auf Schutz und Kontrolle setzen, anstatt auf liberale Lösungen».

Die folgenden Fragen von Kuhn (2002) sollten vor dem Hintergrund der oben erwähnten Probleme berücksichtigt werden:

- «In welchem Umfang sollten andere über die Beziehungen von Bewohnern entscheiden dürfen?
- Haben andere das Recht, Verhaltensnormen aufzustellen, solange nicht gegen Gesetze verstoßen wird?
- Wer entscheidet und wie?»

Kuhn (2002) schreibt: «Obwohl geistige Fähigkeiten und Kompetenz von zentraler Bedeutung für Entscheidungen sind, sollten diese Faktoren nicht allein über das Leben eines Bewohners mit Demenz bestimmen. Man weiß, dass Menschen mit Alzheimer-Krankheit trotz starker kognitiver Beeinträchtigungen meistens noch über eine aufgabenspezifische Kompetenz verfügen. Es kommt vor, dass ein Bewohner bei einem kurzen Test seiner geistigen Fähigkeiten schlecht abschneidet, seine Vorliebe für einen bestimmten Freund oder Liebhaber aber sehr wohl zum Ausdruck bringen kann.» Dies bestätigt die Rechtsauffassung im Vereinigten Königreich und die des Attorney General's Department of NSW (2008), wonach die Befähigung entscheidungsspezifisch ist, d. h. sie ist abhängig von der Situation, der Zeit und der Art der Entscheidung. Wenn eine Person einige, aber nicht alle Entscheidungen treffen kann, hat sie das Recht, so viele Entscheidungen zu treffen, wie es ihr möglich ist.

Staunton et al. (2008) stellen fest: «Die Tatsache, dass jemand krank ist, reicht nicht aus, um die Annahme, er sei fähig, eigene Entscheidungen zu treffen, außer Kraft zu setzen.» Auch Menschen im fortgeschrittenen Stadium der Demenz haben Phasen der Klarheit und besitzen somit auch die Fähigkeit, bestimmte Entscheidungen selbst zu treffen. Metzger et al. (2002) stellen klar: «Menschen, die bei Entscheidungen über eine bestimmte medizinische Behandlung auf einen Stellvertreter angewiesen ist, können durchaus fähig sein, relevante Entscheidungen über sexuelle Beziehungen zu treffen.»

Haben die Familienmitglieder oder die professionellen Betreuer mit dem Begriff entscheidungsspezifische Befähigung dennoch Probleme, sollte ein Assessment durch einen Experten erfolgen. Der Experte könnte feststellen, dass der Betroffene über bestimmte Dinge selbst entscheiden kann, über andere dagegen nicht. Der Experte müsste also prüfen, ob der Betroffene mit Blick auf eine spezifische Entscheidung fähig ist,

- «die relevanten Fakten zu verstehen
- die Wahlmöglichen wahrzunehmen
- die Konsequenzen seiner Entscheidungen einzuschätzen
- zu verstehen, wie sich diese Konsequenzen auf ihn auswirken
- seine Entscheidung zu kommunizieren» (Attorney General's Department of NSW, 2008).

Wenn in New South Wales ein Experte feststellt, dass der Betroffene nicht fähig ist, spezifische Entscheidungen zu treffen, kann ein Vormundschaftsgericht einen Stellvertreter bestellen. «Die Stellvertreter-Lösung sollte der letzte Ausweg sein und nur dann zur Anwendung kommen, wenn alle anderen Bemühungen, den Betroffenen bei seinen Entscheidungen zu unterstützen, erfolglos sind» (Attorney General's Department of NSW (2008). Die Gesetze im Vereinigten Königreich sind ähnlich, variieren jedoch geringfügig in Bezug auf den Prozess und die Bestimmung der Person, die Entscheidungen für den Betroffenen trifft (Mental Capacity Akt, 2005; Adults with Incapacity, 2000). Praktiker sollten sich an den Gesetzen des Landes orientieren, in dem sie arbeiten.

Die folgende Fallstudie ist ein Beispiel für die ethischen Dilemmas, die im Zusammenhang mit einer entscheidungsspezifischen «impliziten» Zustimmung auftreten können.

Kasten 6-1:
Fallstudie: Mrs Andros

Wahrgenommenes unangemessenes Verhalten.
Mrs Andros, 75 Jahre alt, hat seit drei Jahren die Alzheimer-Krankheit. Nach dem Tod ihres Mannes zog sie kürzlich in eine Pflegeeinrichtung.

Das Problem
Mrs Andros strebte eine Beziehung mit einem Heimbewohner an. Offensichtlich genoss sie dessen Gesellschaft und hatte Sex mit ihm, was ihrer Tochter und den Mitarbeitern Sorgen bereitete, weil alle glaubten, Mrs Andros wegen ihres mangelnden Entscheidungs- und Urteilsvermögens beschützen zu müssen.

Mrs Andros war noch jung, als sie heiratete. Sie und ihr Mann wanderten Mitte der 50er Jahre von Griechenland nach Australien aus. Das Ehepaar hatte zwei Kinder. Die Tochter besuchte ihre Mutter regelmäßig in der Pflegeeinrichtung. Als sie erfuhr, dass ihre Mutter eine sexuelle Beziehung mit dem verwitweten Mr Pollark hatte, war sie empört. Die Mitarbeiter berichteten, Mrs Andros suche immer wieder die Gesellschaft von Mr Pollark. Sie hatten auch beobachtet, dass Mrs Andros an seine Schlafzimmertür klopfte, ihre Kleidung auszog und mit ihm ins Bett ging.

Die Tochter hielt ihre Mutter für unfähig, eine neue Beziehung einzugehen, obwohl ihr Verhalten – sich entkleiden –, als implizite Zustimmung zu werten war. Die Tochter äußerte die Befürchtung, ihre Mutter sei aufgrund ihrer Demenz ein Opfer sexueller Willkür und zweifelte an Mr Pollarks ehrenhaften Absichten. Sie war auch der Meinung, das Verhalten ihrer Mutter entspreche weder ihrem Charakter noch ihrem früheren sexuellen Verhalten und bestand darauf, die Beziehung zu unterbinden. Der Sohn von Mrs Andros, der über eine unbefristete Betreuungsvollmacht (für finanzielle Entscheidungen) und über eine unbefristete Vormundschaft (für Dinge, die Gesundheit und Lebensstil betrafen) verfügte, hatte dagegen keine Bedenken wegen der Beziehung seiner Mutter. Er freute sich sogar, dass sie einen neuen Partner gefunden hatte. Sohn und Tochter vertraten konträre Ansichten. Der Sohn war froh, «dass die Dinge sich so entwickelt hatten», aber die Tochter reagierte sehr emotional und bestand darauf, dass ihr Bruder seine Befugnis nutzte und dafür sorgte, dass die Mitarbeiter einschritten und die Beziehung unterbanden.

Der Konflikt stellte den Sohn vor ein ethisches Dilemma: Wenn seine Mutter ihre Entscheidung durch ihr Verhalten klar zum Ausdruck brachte und Mr Pollark mit der Situation zufrieden war, konnte es dann im Interesse des Paares sein, die Beziehung zu unterbinden? Schließlich wäre ihre Beziehung auch kein Problem gewesen, wenn beide zu Hause gelebt hätten. Sollte sie ihnen etwa verweigert werden, bloß weil sie in einer Pflegeeinrichtung lebten (Metzger et al., 2000)?

Die Mitarbeiter und die Tochter sprachen Mrs Andros die Fähigkeit ab, den sexuellen Aktivitäten zuzustimmen angesichts der Tatsache, dass sie sich nicht einmal erinnern konnte, ob sie am Morgen geduscht hatte.

Dagegen ist einzuwenden, dass es zwei Gedächtnisspeicher gibt: das Kurzzeitgedächtnis, das sich an die Dusche am Morgen erinnert und das Langzeitgedächtnis, dass sich an sexuelle Aktivitäten erinnert, auch wenn diese der Vergangenheit angehören. Das hat jedoch nichts mit der Frage zu tun, ob Mrs Andros genug versteht, dass es ausreicht, um einer sexuellen Beziehung zuzustimmen. Betroffene, die früher eine erfüllende sexuelle Beziehung hatten, werden auch im Alter eine solche Beziehung suchen. Demenz zerstört nicht das Bedürfnis nach Gesellschaft und nach Nähe zu anderen Menschen. Kuhn (2002) stellt fest: «Der Wunsch nach Intimität endet nicht mit der Diagnose Alzheimer-Krankheit.» Genauso war es wohl im Fall von Mrs Andros.

Die Probleme, auf die Kuhn (2002) aufmerksam gemacht hat, werfen die Frage auf, ob andere das Recht haben, sich über Mrs Andros' Entscheidung und Rechte hinwegzusetzen. William (2009) schreibt: «Autonomie, Selbstbestimmung oder Wahlfreiheit ist im juristischen und ethischen Bereich ein fundamentaler Gedanke, der auch das Recht beinhaltet, Fehler zu machen oder schlechte Entscheidungen zu treffen.» Die Autonomie der Betroffenen ist zu respektieren, solange sie keine Entscheidungen treffen, die ihnen potenziell schaden oder nicht mit ihrem Interesse übereinstimmen. Es wurde festgestellt, dass Mrs Andros sich aus freien Stücken und ohne Zwang für die Beziehung entschieden hatte und diese Beziehung schien ihr und Mr Pollark sehr viel zu bedeuten.

Die Tochter war sehr emotional und besorgt, und bestand, obwohl sie wusste, dass es ihrer Mutter gut ging, weiterhin darauf, dass Paar zu trennen. Sie sagte immer wieder: «Was würde mein Vater bloß denken?» Die Mitarbeiter organisierten ein Familientreffen.

Nach längerem Gespräch und um den Konflikt mit seiner Schwester zu beenden, stimmte der Sohn zu, die Beziehung so lange zu unterbinden, bis ein erfahrener Experte die entscheidungsspezifische Kompetenz von Mrs Andros überprüft habe. Das Paar sollte aber die Möglichkeit haben, sich weiterhin in den öffentlich zugänglichen Bereichen unter der Aufsicht der Mitarbeiter zu treffen.

Die Intimität von Mrs Andros und Mr Pollark wurde nun durch die Überwachung der Mitarbeiter eingeschränkt. Sie berichteten, dass das Paar immer nahe nebeneinander saß und sich an den Händen hielt. Niemand hatte sich Gedanken über ihre Gefühle oder ihre Selbstbestimmung gemacht, besonders nicht über die von Mr Pollark, der keine Demenz hatte. Er fühlte sich entwürdigt und war peinlich berührt von der negativen Haltung, die ihm vonseiten der Mitarbeiter und der anderen Pflegeheimbewohner entgegenschlug. Er hatte immer eine enge und liebevolle Beziehung zu seiner verstorbenen Frau gehabt und war auf der Suche nach Freundschaft und Gesellschaft. Er schätzte seine Beziehung zu Mrs Andros als sehr innig ein.

Mr Pollark hatte mit seinem Sohn über seine Beziehung gesprochen und der war froh, dass sein Vater eine neue Partnerin gefunden hatte. Eine neue Partnerin, die sich laut Mr Pollark «aus freien Stücken neben ihn gelegt, mit ihm geschmust, ihn geküsst, liebkost und seine Nähe genossen hatte, die mit ihm Gedanken und körperliche Zärtlichkeiten ausgetauscht hatte». Dies war für beide eine genussvolle und sexuell erfüllende Erfahrung. Doch Mr Pollark war sehr traurig und entsetzt, als er erfuhr, dass die Familie von Mrs Andros glaubte, er würde sie nur ausnutzen. Die Situation stellte auch ihn vor ein Dilemma. Er empfand zwar immer noch sehr viel für Mrs Andros, doch sollte ihre Familie weiterhin so strikt gegen ihn sein, wäre er gezwungen, sich anderweitig nach Gesellschaft und Zuwendung umzusehen.

Zum Glück stellte sich nach einer einfühlsamen professionellen Einschätzung heraus, dass Mrs Andros trotz ihrer leichten bis mittleren Alzheimer-Krankheit wusste, was sie tat und die Gegebenheiten und Wahlmöglichkeiten verstand, was die Fortsetzung der Beziehung mit Mr Pollark betraf. Sie war in der Lage, die Konsequenzen der Beziehung einzuschätzen und zu verstehen und sie kommunizierte den Wunsch, sich wieder mit Mr Pollark in seinem Zimmer zu treffen. Der Experte verglich Mrs Andros' aktuelles Verhalten mit ihren früheren sexuellen Aktivitäten und fand keine Belege dafür, dass ihr die entscheidungsspezifische Kompetenz fehlte, der intimen Beziehung zuzustimmen.

Bei einem erneuten Familientreffen akzeptierte die Tochter widerwillig die Befunde des Experten. Der Sohn schätzte den Nutzen größer ein als den Schaden und war einverstanden, dass seine Mutter sich wieder mit Mr Pollark in dessen Zimmer traf. Die Kompetenzeinschätzung vermittelte den Mitarbeitern Kenntnisse über die entscheidungsspezifische Zustimmung und sie sorgten dafür, dass das Paar für ein ungestörtes Beisammensein Zeit hatte.

Es wäre gut gewesen, wenn Mrs Andros' Tochter der Vorschlag gemacht worden wäre, sich einer Unterstützungsgruppe für Betreuer anzuschließen und professionelle Hilfe in Anspruch zu nehmen, um ihre Ängste zu überwinden. Für die Mitarbeiter wäre es wichtig, die Befunde der Untersuchung von Kamel et al. (2004) zu beherzigen: «Aufklärung der Familienmitglieder über die sexuellen Bedürfnisse älterer Menschen hilft, ethisch belastende Situationen zu vermeiden.»

Auch die Unterbringung von schwulen, lesbischen, bisexuellen, transsexuellen oder intersexuellen (GLBTI-Personen) älteren Menschen mit Demenz in einer Pflegeeinrichtung kann ein ethisches Dilemma sowie große Ängste auslösen. Dreh- und Angelpunkt ist hier die Frage, ob die sexuelle Orientierung und der Lebensstil des Betroffenen offenbart werden sollen oder ob es besser für ihn ist, die homosexuelle Neigung zu kaschieren und so zu tun, als sei er heterosexuell. Alles hängt davon ab, wie willkommen und wohl der Betroffene (und gegebenenfalls der Partner) sich während der Aufnahmeprozedur fühlen, und wie einfühlsam die Mitarbeiter in der belastenden Anfangszeit der Dauerpflege mit dem Betroffenen umgehen. GLBTI-Personen reagieren aufgrund früherer negativer Erfahrungen manchmal dünnhäutig auf abfällige Äußerungen. Nach Barrett et al. (2008) «ist dies nicht verwunderlich, denn viele der betroffenen Männer und Frauen sind in einer Zeit aufgewachsen, als eine Offenbarung medizinische ‹Zwangsbehandlungen›, eine Gefängnisstrafe oder den Verlust von Familie, Arbeitsplatz und Freunden zur Folge hatte».

Für die meisten älteren GLBTI-Personen war das lebenslange Verstecken hinter der «heterosexuellen» Fassade eine Chance, sich vor kritischen Blicken am Arbeitsplatz oder Homophobie zu schützen. GLBTI-Personen verstecken sich auch wegen der «Marginalisierung, die sie befürchten müssen, wenn sie sich outen» (Nay et al., 2007). Dennoch «bleibt die sexuelle Orientierung ein wichtiger und integraler Bestandteil der Identität einer Person» (Mackenzie, 2009). Für Ward et al. (2005) «ist die sexuelle Identität ein Faktor, der Beziehungen, Emotionen, Intimität, Zuneigung, Selbstbild und Erfahrungen prägt. Wenn das Ziel also die personenzentrierte Demenzpflege ist, spielt die sexuelle Orientierung eine wichtige Rolle».

Doch die Betroffenen oder deren Partner fürchten oft die Reaktion der heterosexuellen professionellen Betreuer, wenn sie ihre Gefühle offen zeigen oder ihre sexuelle Neigung offenbaren. Sollte dies der Fall sein, müssen sie die Freiheit haben, ihre Entscheidung nicht zur Diskussion zu stellen, wenn sie dies wünschen, und dann bleibt ihre sexuelle Neigung geheim. Sie sollten bedenken, dass jede «homophobe» Äußerung – ein missbilligender Blick, ein Achselzucken oder ein Hochziehen der Augenbrauen – die Betroffenen oder ihre Partner laut Barrett et al. (2008) «an frühere diskriminierende Erlebnisse erinnert und Unruhe, Angst und Niedergeschlagenheit in ihnen auslöst».

Nach dem 1975 im Vereinigten Königreich und 1977 in Australien verabschiedeten Antidiskriminierungsgesetz darf niemand wegen seiner Geschlechtszugehörigkeit oder seiner sexuellen Orientierung diskriminiert werden. Im Vereinigten Königreich folgten weitere Antidiskriminierungsgesetze: Race Relations Act (1976) und Race Relations (Amendment) Act (2000) gegen Rassismus sowie Disability Discrimination Act (2005) gegen die Diskriminierung behinderter Menschen. In England und Wales wurde Homosexualität mit dem Sexual Offences Act (1967) und in Nordirland mit dem Homosexual Offences (Northern Ireland) Order (1982) legalisiert. Der Equality Act (2005) untersagte explizit die Diskriminierung vieler Formen der sexuellen Orientierung. [In Deutschland: Allgemeines Gleichbehandlungsgesetz (AGG). Es soll die Benachteiligung aus Gründen der ethnischen Herkunft, des Geschlechts, der Religion oder Weltanschauung, einer Behinderung, des Alters oder der sexuellen Identität verhindern und beseitigen. Das Gesetz trat am 18. August 2006 in Kraft. Der § 175 wurde in Deutschland erst 1994 ersatzlos aufgehoben. Anm. des Herausgebers].

Barrett et al. (2008) weisen darauf hin, dass in Australien die «Behörden darauf achten müssen, dass Menschen das Recht haben, ihre Menschenrechte einzufordern und ihrer Identität und Kultur entsprechend zu leben, ohne diskriminiert zu werden». Um diesen Vorgaben auch in Pflegeeinrichtungen bei der personenzentrierten Demenzpflege Geltung zu verschaffen und um zu verhindern, dass Bewohner «wegen ihrer sexuellen Orientierung mit Vorurteilen, Unkenntnis oder Ausschluss konfrontiert werden», empfiehlt Knocker (2006), «die Mitarbeiter zu verpflichten, sich über die unterschiedlichen Bedürfnisse älterer GLBTI-Personen mit Demenz zu informieren». Dieses Wissen wird die Mitarbeiter «bei der Befragung der Klienten über ihre Lebenssituation für typisch heterosexuelle Vorstellungen sensibilisieren» (Price, 2008). «Da eine systematische Befragung über die sexuelle Orientierung möglicherweise auf Ablehnung stößt», schlägt Mackenzie (2009) vor, «ein Gespräch mit neuen Klienten zu führen und sie zu fragen, welches der wichtigste Mensch in ihrem Leben ist, was vermutlich auf weniger Widerstand stößt». Wie die folgende Fallstudie zeigt, ist diese Strategie wichtig und erfolgreich.

Kasten 6-2:
Fallstudie: Miss Wentworth und Miss Kelly

Echte Partnerinnen.
Die beiden Damen lebten seit 36 Jahren zusammen. Sie waren unzertrennlich, aber Miss Wentworth, die seit drei Jahren eine vaskuläre Demenz hatte, lebte seit kurzer Zeit in der Pflegeeinrichtung

Das Problem
Miss Kelly sah sich mit einem ethischen Dilemma konfrontiert: Sollte sie ihre Beziehung zu Miss Wentworth offenbaren, was sie als Vertrauensbruch empfand, oder sie weiter geheim halten?

Die 60-jährige Miss Wentworth war, was ihre Funktionsfähigkeit im Alltag betraf, völlig auf Miss Kelly angewiesen. Miss Kelly hatte immer die Dienste einer Sozialstation abgelehnt, weil die im ganzen Haus verteilten Beweise ihres Lebensstils ihr wohl gehütetes Geheimnis verraten hätten. Leider offenbarte die fortschreitende vaskuläre Demenz Miss Wentworth' Persönlichkeitsveränderungen nur allzu deutlich. Sie geriet leicht aus der Fassung, war extrem ängstlich, unmotiviert und zeitweise depressiv. Zudem nahmen ihre sexuellen Hemmungen immer weiter ab, weshalb Miss Kelly sich für eine professionelle Betreuung entschied.

Miss Kelly fürchtete, die Offenbarung ihrer Beziehung und eventuelle homophobe Äußerungen vonseiten der Mitarbeiter könnten das durch die Demenz ohnehin schon beeinträchtigte Verhalten von Miss Wentworth noch weiter verschlimmern. Miss Kelly wusste genau, dass ihre Partnerin, bedingt durch den Verlust der sozialen Hemmungen, ihr Liebesverhältnis unbewusst offenbaren würde und dann alle über ihre Beziehung Bescheid wüssten. Dieses Dilemma machte Miss Kelly schwer zu schaffen, da es ihr über all die Jahre gelungen war, ihre sexuelle Identität geheim zu halten.

Zum Glück hatten die beiden Damen viele Freundinnen mit der gleichen sexuellen Orientierung, die mittlerweile ihre «Familie» waren. Miss Kelly wusste, dass die Freundinnen Miss Wentworth in ihrem neuen Zuhause ganz sicher besuchen würden und dass ihre häufigen Besuche argwöhnisch beobachtet würden. Nachdem sie alle Faktoren in Erwägung gezogen hatte und natürlich auch die frühere enge Beziehung zwischen ihr, Miss Wentworth und ihrer «Familie» nicht verleugnen wollte, fasste Miss Kelly den Entschluss, ihre sexuelle Orientierung zu offenbaren.

Glücklicherweise wurde in der für Miss Wentworth ausgewählten Pflegeeinrichtung Wert darauf gelegt, die Individualität, die Rechte und die Entscheidungen der Bewohner zu respektieren. Die für die Aufnahme zuständigen Mitarbeiter waren mit den unterschiedlichen Bedürfnissen von älteren GLBTI-Personen vertraut und reagierten einfühlsam und zuvorkommend auf die Offenbarung. Miss Wentworth bekam ein eigenes Zimmer und die «Familie» war auch willkommen. Miss Kelly wurde in die personenzentrierte Pflegeplanung einbezogen und es wurde vereinbart, dass die Intimpflege von weiblichem Personal durchgeführt werden sollte. Damit waren alle Befürchtungen von Miss Kelly ausgeräumt.

Alle Pflegeeinrichtungen brauchen ähnliche Aufnahmevorschriften, damit sie den Bewohnern und ihren primären Betreuern zusichern können, dass alles getan wird, um die Individualität der Bewohner zu respektieren und das Selbstwertgefühl und die sexuelle Identität von GLBTI- und heterosexuellen Bewohnern gleichermaßen zu stärken und zu achten. Dann, und nur dann, wird es Dilemmas dieser Art nicht mehr geben, wie die Fallstudie gezeigt hat.

Ein ethisches Dilemma ganz anderer Art entsteht, wenn ein Mitarbeiter beobachtet, wie ein Kollege ihm anvertraute Bewohner sexuell missbraucht. Die Beobachtung kann den Mitarbeiter in einen schweren Konflikt stürzen, der ihn davon abhält, den Vorfall zu melden. Missbrauch manifestiert sich in unterschiedlicher Form, z. B. durch die Art und Weise, wie das Klistier verabreicht wird oder durch bewusste Stimulierung der erogenen Zonen (Brustwarzen, Brust, Genitalien) bei der Körperpflege, beim Einführen des Katheters oder beim Anlegen/Wechseln der Inkontinenzeinlage.

Ursache des Dilemmas und der Tatsache, dass der Mitarbeiter zögert, das Management über das Fehlverhalten des Kollegen zu informieren, kann Angst vor den Konsequenzen sein, d. h. von dem Täter oder den anderen Mitarbeitern eingeschüchtert, schikaniert, gemobbt oder als «whistleblower» (Hinweisgeber) tituliert zu werden.

Dennoch ist jeder Mitarbeiter verpflichtet, solch verabscheuungswürdiges Verhalten zu melden. Menschen mit Demenz sind ideale Opfer für «sexuell abartige» Betreuer oder Mitarbeiter, weil sie verletzlich sind und daher oft nicht wissen oder einschätzen können, welche Absicht hinter dem Verhalten steckt oder wer der Täter ist (Jeter, 2008). Werden solche Übergriffe nicht gemeldet, wird der Missbrauch ungehindert fortgesetzt.

Es werden Menschen gebraucht, die sich trotz drohender Konsequenzen als Fürsprecher der Betroffenen verstehen und es als ihre Pflicht ansehen, das Wohlergehen und die Sicherheit der Menschen zu schützen, die der Pflegeeinrichtung anvertraut sind. Verräterische Anzeichen für sexuellen Missbrauch, z. B. unerklärliche «Blutergüsse oder Blutungen im Genital- oder Brustbereich, die Weigerung, sich ausziehen oder baden zu lassen» (Ozanne et al., 2009), oder Unruhe beim Anlegen oder Wechseln der Inkontinenzeinlage müssen unbedingt dokumentiert werden. Dokumentierte Beweise untermauern den beobachteten und gemeldeten sexuellen Missbrauch.

Wenn Sie keine konkreten Beweise haben, aber vermuten, dass noch gewaltsamerer sexueller Missbrauch, nämlich eine Vergewaltigung, stattgefunden hat, finden Sie Ihren Verdacht bestätigt, wenn zu den oben beschriebenen körperlichen Symptomen noch unübliche Schwierigkeiten beim Gehen, Schmerzen beim vorsichtigen Hinsetzen und sichtbare Verletzungen im Genitalbereich hinzukommen (McCreadie et al., 2006). Da Menschen mit Demenz sich oft nicht äußern können, bleiben Vergewaltigungen manchmal längere Zeit unentdeckt. Der Täter ist entweder ein Fremder (der nachts unbemerkt ins Schlafzimmer eindringt), ein Mitarbeiter, ein Familienmitglied oder Freund und manchmal auch der Ehepartner.

In den letzten Jahren wurde in den Medien über verabscheuungswürdige Vergewaltigungen und andere Formen sexuellen Missbrauchs berichtet. Die Opfer waren verletzliche arglose ältere Frauen, insbesondere Menschen mit Demenz, die in Pflegeeinrichtungen lebten (Jamieson, 1999; O'Neill, 2006, Metherell, 2006; Benson, 2008; Wallace, 2008). Für diese und für neu aufgedeckte Fälle gilt: die Polizei muss ermitteln und der Täter angeklagt werden, sobald er entdeckt ist.

Angesichts der schwer wiegenden Folgen für die Opfer sexuellen Missbrauchs sollten entsprechende Vermutungen umgehend dem Managementteam gemeldet werden. Die betreffenden Mitarbeiter werden feststellen, dass Einrichtungen im Gesundheitswesen, Pflegedienste oder Pflegeeinrichtungen für ältere Menschen Richtlinien für den Umgang mit solchen Vermutungen haben. Es besteht auch die Möglichkeit, sich mit dem Problem an einen «aged care advocacy service» oder eine ähnliche Einrichtung zu wenden und sich beraten zu lassen.

In diesem Kapitel wurden anhand von drei ethischen Dilemmas die Schwierigkeiten gezeigt, die beim täglichen Umgang mit Menschen, die Demenz haben, und ihren primären Betreuern entstehen können. Professionelle Betreuer sollten sich bewusst machen, dass ethische Dilemmas immer problematisch sind, weil es dabei um moralische Werte und Auffassungen geht. Persönliche Verhaltensnormen und Interessenkonflikte können ebenfalls eine Rolle spielen, nicht nur bei den Betroffenen und ihren «Bezugspersonen», sondern auch bei ihnen selbst.

Mit Blick auf die beiden Fallstudien ist zu sagen, dass die Wünsche und Rechte sowie die entscheidungsspezifische Kompetenz der Menschen mit Demenz anzuerkennen und ihre Autonomie, Privatsphäre, Würde und Individualität zu respektieren ist.

Das dritte ethische Dilemma betrifft die professionellen Betreuer und ihre Hemmungen, Kollegen zu melden, die Menschen mit Demenz sexuell missbrauchen und ihre Pflicht, auf dieses Fehlverhalten aufmerksam zu machen. Wenn es um sexuellen Missbrauch geht, hat die mit der Pflege verbundene Verpflichtung und die Tatsache, dass Betreuer Fürsprecher sind, die für den Schutz, die Sicherheit und das Wohlergehen der ihnen anvertrauten Menschen Verantwortung tragen, absoluten Vorrang vor Skrupeln.

Teil III – Die Suche nach Lösungen

«Wir unterschätzen viel zu oft, welche Wirkung eine Berührung, ein Lächeln, ein freundliches Wort, aufmerksames Zuhören, ein ehrlich gemeintes Kompliment oder ein wenig Zuwendung hat – all diese Dinge können das Leben grundlegend verändern.»

Leo Buscaglia

7 Der Weg zur Lösung eines Problems

Dieses Kapitel stellt die sechs Schritte des Problemlösungsweges vor. Sie beinhalten unter anderem die Aufdeckung des wahrgenommenen Problems, Festlegung der Ziele, Planung und Evaluation der personenzentrierten Pflege und Eliminierung wahrgenommener Wissensdefizite.

> «Jedes Problem, das ich gelöst habe, lieferte Erkenntnisse, die mir später geholfen haben, andere Probleme zu lösen.»
>
> *René Descartes*

Der Problemlösungsprozess bietet die Chance, Dinge zu verändern.

Was können professionelle Betreuer tun, um als unangemessen wahrgenommenes Verhalten abzustellen und Möglichkeiten anzubieten, die das sexuelle Verhalten unterstützen oder in angemessenes Verhalten umwandeln? Dies ist eine schwierige Aufgabe! Doch bevor wir uns dieser Aufgabe widmen, wollen wir uns für einen Moment in einen Menschen versetzen, der Demenz hat.

Die Realität von Menschen mit Demenz gerät plötzlich aus den Fugen und unterscheidet sich mit Sicherheit stark von der Realität der professionellen Betreuer. Die Grenzen zwischen Vergangenheit und Gegenwart verschwimmen. Die Betroffenen können nicht mehr klar denken und haben oft auch in einer vertrauten Umgebung Schwierigkeiten, sich zu orientieren. Das Gedächtnis versagt häufig, es funktioniert manchmal und manchmal nicht. Das Kurzzeitgedächtnis geht zuerst verloren und die Betroffenen wiederholen Wörter oder Sätze immer wieder, um sie nicht zu vergessen. Wenn sie infolge einer Schädigung des Scheitelhirns unter Agnosie leiden, können sie vertraute Gesichter, den Ehepartner oder Familienangehörige, nicht mehr erkennen (s. Kap. 3).

Menschen mit Demenz reagieren oft sehr emotional und werden schnell von negativen Gefühlen beeinflusst; Auslöser kann der Klang der Stimme eines Mitarbeiters, seine Körpersprache oder eine grobe Behandlung sein (auch wenn sie nicht beabsichtigt war und vielleicht bei dem Versuch, einen sich sträubenden Bewohner in die Dusche zu bugsieren, passiert ist). Die Betroffenen erinnern sich an die negativen Gefühle und reagieren entsprechend. Nach Feil (1993) «ist ängstliches, erregtes, aggressives Verhalten oft die Folge eines inneren Aufruhrs». Menschen mit Demenz haben auch klare Momente, in denen sie spüren, dass etwas nicht stimmt, aber sie wissen nicht, was sie dagegen tun können, weil die Demenz ihr Denkvermögen und andere Hirnfunktionen zerstört hat.

Infolge dieses Zerstörungsprozesses sind die Betroffenen nicht in der Lage, ihr Verhalten zu verstehen oder es auf Bitte des Pflegepersonals zu ändern. Es ist sinnlos, Menschen mit Demenz zu erklären, dass ihre anzüglichen sexuellen Annäherungsversuche unerwünscht bzw. ihre sexuellen Gelüste, Wünsche oder hemmungslosen Verhaltensweisen unangemessen sind. Solche Bemerkungen haben keine Bedeutung für sie und sie werden ihr Verhalten fortsetzen. Genau hier liegt das Problem! Es gilt also, Lösungen zu finden, die helfen, mit solch schwierigen Situationen umzugehen.

Leider bauen sich beim Thema Problemlösung oft innere Widerstände auf, weil für die meisten Menschen ein Problem immer noch gleichbedeutend ist mit einer heiklen oder unangenehmen Situation, zumal wenn es bei dem Problem um unangemessenes sexuelles Verhalten geht. Rusbult (2001) sieht Probleme dagegen positiv. Für ihn ist ein Problem «eine Situation, die die Chance bietet, Dinge zu verbessern; Problemlösung bedeutet, von der aktuellen Situation (dem Ist-Zustand) zur angestrebten Situation (dem Soll-Zustand) zu gelangen. Jede kreative und gezielte Suche nach Möglichkeiten, die Lebensqualität zu verbessern, ist ein aktiver Problemlösungsprozess».

Um ein Problem zu lösen, müssen die professionellen Betreuer alle früheren negativen Erfahrungen ausblenden und die aktuelle Situation objektiv und mit Bedacht einschätzen, eingedenk des alten Sprichworts «ein Problem ist nur dann ein Problem, wenn es als solches wahrgenommen wird».

Der folgende Sechs-Schritte-Weg ist ein logisch aufgebauter Ansatz, mit dem es gelingt, das Problem zu kontextualisieren und zu analysieren und schließlich das angestrebte Ergebnis zu erzielen:

1. Identifizierung des Problems
2. Diagnose des Problems
3. Festlegung der Ziele und Planung der Pflege unter Berücksichtigung der unerfüllten Bedürfnisse des Betroffenen
4. Implementierung lebensverbessernder Strategien
5. bedarfsorientierte Aufklärung
6. Evaluation der Ergebnisse.

7.1 Identifizierung des Problems

In dieser Beobachtungsphase müssen die professionellen Betreuer in die Detektivrolle schlüpfen, weil zunächst geklärt werden muss, wer das Problem hat, die Bewohner mit Demenz oder die professionellen Betreuer. Sehr häufig ist es ein von den professionellen Betreuern wahrgenommenes Problem, das als «unangemessenes sexuelles Verhalten» empfunden wird.

Die folgenden Fragen sollen das wahrgenommene unangemessene Verhalten näher beschreiben:

- entkleiden
- masturbieren
- unerwünschte Berührungen, Gesten oder anzügliche Äußerungen
- das Schlafzimmer anderer Heimbewohner betreten und sich unaufgefordert in ihr Bett legen
- mit einem anderen Heimbewohner, der nicht der Ehepartner ist, eine Beziehung unterhalten, obwohl der Ehepartner täglich zu Besuch kommt.

Möglicherweise gehören noch andere, hier nicht aufgelistete Verhaltensweisen dazu. Aber in jedem Fall gilt: das Verhalten, um das es geht, muss genau dokumentiert werden, weil die Informationen wichtig für den Problemlösungsprozess sind.

7.2 Diagnose des Problems

Die folgenden Fragen sollen klären:

a. Warum verhält der Betroffene sich so?
   - Liegt eine körperliche Krankheit vor?
   - Handelt es sich um sexuelle Frustration?
   - Sind die professionellen Betreuer nicht in der Lage, auf die Situation zu reagieren?

b. Wie oft, wann oder wo wird das Verhalten zum Problem?
   - Tritt es ständig auf?
   - Ist es nachts schlimmer?
   - Geschieht es in der Öffentlichkeit?
   - Tritt es im Bad auf, wenn der Betroffene beim Baden oder Toilettengang unterstützt wird?

c. Was genau tut der Betroffene?
   - Zwickt oder berührt er die professionellen Betreuer an intimen Stellen?

- Wehrt er sich beim Ausziehen? Will er nicht geduscht werden? (Dies könnte ein Hinweis auf sexuellen Missbrauch in der Vergangenheit sein, speziell bei Menschen, die im Krieg Opfer sexueller Gewalt oder auch kulturspezifische Rituale waren).

d. Wie empfindet der Betroffene seine Situation? (Beobachten Sie ihn, wenn nötig) Ist er
   - einsam?
   - gelangweilt?
   - von seinem Ehepartner/Partner getrennt, den er vermisst?

e. Wie empfinden die professionellen Betreuer, die primären Betreuer oder wichtige Bezugspersonen die Situation? Es muss dokumentiert werden:
   - ob die professionellen Betreuer sich unwohl fühlen oder Verachtung empfinden.
   - ob der primäre Betreuer oder eine wichtige Bezugsperson peinlich berührt, bekümmert oder feindselig eingestellt ist.
   - ob die Mitbewohner sich unwohl fühlen, peinlich berührt oder feindselig eingestellt sind.
   - ob die Besucher Verdruss oder Abscheu zum Ausdruck bringen.

f. Welcher Teil des Gehirns ist durch die Demenz geschädigt?
   - Hat der Betroffene aufgrund der Schädigung des Stirnhirns seine Hemmungen und sein moralisches Urteilsvermögen verloren?
   - Könnte ein anderer Teil des Gehirns das Problem verursachen?
   - Sind mehrere Teile des Gehirns an dem Problem beteiligt?

Antworten auf diese Fragen geben eine medizinische Diagnose und die Berichte von früheren diagnostischen Untersuchungen wie bestimmte Hirnscans oder die Aufnahmen einer Kernspintomografie.

g. Könnten körperliche Beschwerden das Verhalten verursachen? Leidet der Betroffene unter
   - Schmerzen?
   - Verstopfung?
   - einer Infektion (speziell der Harnwege)?
   - Nebenwirkungen der Medikation oder anderen körperlichen Problemen, die sein Wohlbefinden beeinträchtigen?

Diese Beschwerden müssen einzeln oder insgesamt unverzüglich behandelt werden. Die professionellen Mitarbeiter sollten besonders genau auf Anzeichen sexuellen Missbrauchs achten, speziell auf unerklärliche Blutungen oder Hämatome im Brust- oder Genitalbereich. Sie sollten auch wissen, dass ältere Frauen aufgrund hormoneller Veränderungen in der Menopause ein erhöhtes Infektionsrisiko haben, was die Wahrscheinlichkeit von Ausfluss oder kleinen Verletzungen während des Geschlechtsverkehrs erhöht (Hillman, 2007). Da das Schmerz-Assessment auch das sexuelle Verhalten beeinflussen kann, ist es besonders wichtig, wird aber wegen der Kommunikationsprobleme der Betroffenen häufig vernachlässigt.

h. Informationen über die Lebensgeschichte und die früheren sexuellen Gewohnheiten.
   - Welche sexuelle Orientierung hat der Betroffene?
   - Welche Interessen, Hobbys, Vorlieben und Abneigungen hatte er?
   - Hat er lange in einer Partnerschaft gelebt?
   - Wie war seine Sexualität früher?

Bei der Einschätzung des früheren und aktuellen sexuellen Verhaltens eines Menschen mit Demenz ist zu bedenken, dass die sexuellen Bedürfnisse von Menschen Zeit ihres Lebens höchst unterschiedlich sind (s. glockenförmige Grafik auf S. 109) und dass die sexuelle Aktivität der meisten Menschen im mittleren Bereich angesiedelt ist. Die gute Nachricht ist, dass sie auch weiterhin sexuell aktiv sein können, selbst in hohem Alter, solange sie keine körperlichen Beschwerden haben, die den Verlust der Potenz oder Libido nach sich ziehen. Der Rest der Menschen besetzt die Endpunkte der Grafik, d. h. ihre sexuelle Aktivität ist gering oder stark ausgeprägt. Betroffene, die dem einen oder anderen Endpunkt zugeordnet werden, werden gelegentlich als «schmutziger alter Mann oder schmutzige alte Frau», «sexuell abartig», «geil» oder «nymphomanisch» bezeichnet und die sexuell wenig Aktiven als «frigide» oder «Eisberg».

Sind die Betroffenen nicht in der Lage, sich zu erinnern oder anzugeben, welchem Bereich der Grafik sie zuzuordnen sind, können die primären Betreuer vielleicht irgendwelche Hinweise geben. Es ist wichtig zu wissen, dass die aktuelle Position in der Grafik sich auf den rechten

Endpunkt zubewegen kann, wenn die Demenz fortschreitet und immer mehr Hemmungen wegfallen.

Normalverteilungskurve der Libido in der Bevölkerung (Blanch, 1990).

7.3 Festlegung der Ziele und Planung der Pflege unter Berücksichtigung der unerfüllten Bedürfnisse des Betroffenen

Die in den Schritten 1 und 2 gesammelten Informationen ermöglichen die Einordnung des wahrgenommenen Problems und liefern die Grundlage für die Festlegung der Ziele und die Planung geeigneter Interventionen. Angesichts der kognitiven Ausfälle des Betroffenen und des kontinuierlichen Verlusts der Hemmungen muss die Festlegung der individuellen Ziele erreichbar und effektiv sein. Doch der Plan kann nur dann erfolgreich umgesetzt werden, wenn er vom Management unterstützt wird; daher ist es ratsam, das Management stets auf dem Laufenden zu halten.

Es ist wichtig, die Geschichte des Betroffenen zu kennen und hinter die «Fassade der Demenz» zu blicken, um seine wahre Identität, sein

Wesen, seine frühere und heutige Persönlichkeit zu entdecken. Sobald seine Geschichte, seine Vorlieben, Abneigungen, Hobbys, seine früheren und aktuellen Aktivitäten und seine früheren sexuellen Gewohnheiten bekannt sind, kann die Zielfestlegung und Pflegeplanung beginnen.

Professionellen Betreuern zufolge sind die folgenden Probleme im Zusammenhang mit sexuellem Verhalten am schwierigsten zu managen:

a. Entkleiden und die Genitalien zeigen
b. in der Öffentlichkeit masturbieren
c. unerwünschte sexuelle Annäherungsversuche, verbale und nonverbale Gesten, die manche verständlicherweise als sexuelle Belästigung empfinden
d. Unfähigkeit, Gesichter, Bilder, die Bedeutung von Wörtern und die Umgebung wiederzuerkennen.

Ziele, die das unerwünschte Verhalten abstellen und das sexuelle Verhalten unterstützen oder auf angemessene Art korrigieren, sind darauf ausgerichtet,

- die Identität und das Wohlbefinden des Betroffenen aufrechtzuerhalten
- seine Würde zu wahren
- seine Privatsphäre zu respektieren
- bevorzugte Therapien anzubieten (Aromatherapie, Heilmassage, Therapietiere, Tanz, Musik und Kunst)
- unangemessenes sexuelles Verhalten in sinnvolle Aktivitäten umzuwandeln.

Mit gut geplanten, auf die obigen Ziele abgestimmten Intervention lassen sich Stress und Frustration der Betroffenen wie der Mitarbeiter wirksam abbauen (Beispiele für solche Interventionen finden Sie im nächsten Kapitel). Es gibt eine Fülle von lebensverbessernden pflegerischen Möglichkeiten, die allerdings exakt auf die Bedürfnisse und Interessen der Betroffenen abgestimmt sein müssen. Die Anwendung einer oder mehrerer der unten aufgeführten Möglichkeiten stellt eine wirksame therapeutische Maßnahme dar, mit der es gelingt, das Wohlbefinden zu steigern, die Individualität zu stärken, alternative und sinnvolle sensorische Stimulation und Aktivitäten anzubieten und die sozialen Beziehungen zu verbessern. Diese therapeutischen Maßnahmen sind:

- Erinnerung
- Validierung
- sensorische Stimulation
- individualisierte Aktivitäten
- Einsatz sexueller Hilfsmittel, falls erforderlich.

7.4 Implementierung personenzentrierter lebensverbessernder Strategien

Eine oder mehrere der oben aufgeführten Interventionen können helfen, das sexuelle Verhalten zu unterstützen oder das wahrgenommene unangemessene Verhalten zu korrigieren. Dabei gilt das Prinzip Versuch und Irrtum, denn was dem einen hilft, ist bei dem anderen vielleicht wirkungslos. Jede Intervention hat ihre Berechtigung und ist einen Versuch wert. Erfolgreiche Interventionen sollten dokumentiert und in den personenzentrierten Pflegeplan aufgenommen werden.

Erinnerungsarbeit kann helfen, die Identität und das Wohlbefinden der Betroffenen aufrechtzuerhalten. Mithilfe von Fotoalben, Notizbüchern und Schachteln mit Dingen aus der Vergangenheit werden die Betroffenen mit früheren Erfahrungen, freudigen und traurigen Ereignissen, Beziehungen und menschlicher Nähe in Kontakt gebracht. Gleichzeitig wird den Mitarbeitern die Chance geboten, eine Beziehung zu den Betroffenen aufzubauen, Gefühle auszutauschen und ihre Individualität zu validieren. Eine Kombination aus Erinnerungsarbeit und Validationstechniken stärkt die Identität der Betroffenen sowie ihre Selbstachtung und ihr Selbstwertgefühl.

Die Arbeit mit Validationstechniken ist sehr wirksam, denn sie «zielt darauf ab, den Betroffenen durch Anerkennung ihrer Person und ihrer Lebensleistungen ein Selbstwertgefühl zu vermitteln» (Feil, 1972). Feil schreibt weiter: «Der Austausch von Gefühlen ermöglicht den Zugang zur Welt eines anderen Menschen und fördert die zwischenmenschliche Interaktion.» Ein erfolgreicher Einsatz dieser Techniken kann den

Effekt haben, dass die Mitarbeiter die Betroffenen schätzen lernen, ihre frühere und heutige Persönlichkeit anerkennen und ihre Lebensleistungen würdigen. Zu den Lebensleistungen gehören z. B. «In den Kriegsjahren vier Kinder großziehen» oder «Bekleidung für sie zu nähen, als das Material rationiert war» oder «Gut für die Familie zu sorgen».

Eine weitere effektive therapeutische Intervention ist die sensorische Stimulation einer oder mehrerer der fünf Sinne durch: Aromatherapie, Heilmassage, Tiertherapie, Tanz, Musik, interaktive Gefühls- und Geschmackswahrnehmungen und, falls vorhanden, der Besuch in einem Raum, der die Stimulation verschiedener Sinne durch Licht, Bewegung und Klänge ermöglicht. Angenehme visuelle Stimuli können eine entspannende Wirkung auf Menschen mit Demenz haben – etwa eine DVD, auf der magische Sonnenuntergänge, Wasserfälle oder schöne Gärten zu sehen sind, unterstützt durch eine Schale mit wohlriechenden Blumen in ihrer Nähe. Stimuli dieser Art dienen oft als Ersatz für den «körperlichen» Aspekt der Sexualität.

Die *Aromatherapie* hat bei einigen Betroffenen eine sehr gute Wirkung. Nach Holt et al. (2009) kann die Aromatherapie, «die Entspannung fördern und den Schlaf verbessern, Schmerzen lindern und die Symptome einer Depression reduzieren, weil die ätherischen Öle eine beruhigende und Stress abbauende Wirkung haben». Holt et al. (2009) fügen hinzu: «Sie wurde bei Menschen mit Demenz eingesetzt, um deren störendes Verhalten positiv zu beeinflussen». Trotz mangelnder wissenschaftlicher Beweise kann ich aufgrund eigener Erfahrungen den Befund von Holt et al. bestätigen, dass Lavendel- oder Sandelholzöl (letzteres ist mit seinem erdigen Duft eher für Männer geeignet) unangemessenes Verhalten positiv beeinflussen kann. Die Gabe von drei Tropfen Lavendelöl auf ein Fußbad oder acht Tropfen auf ein Vollbad, nachdem das Wasser eingelassen ist, kann eine sehr entspannende Wirkung haben.

Therapeutische Heilmassage in Form einer Hand-, Schulter- oder Körpermassage kann ein wahrer Genuss sein, wie die Untersuchung von Bush (2001) ergeben hat: «Eine wohltuende menschliche Berührung ist geeignet, bei kognitiv beeinträchtigten älteren Menschen Erregungszustände zu mildern, die Empfänglichkeit für sensorische Stimulation zu verbessern, eine entspannende Wirkung zu entfalten und die

Interaktion mit der Umgebung zu verbessern.» Es ist wichtig, dass die professionellen Betreuer die Betroffenen vor der Behandlung um Erlaubnis bitten, sie berühren zu dürfen, denn «Berührungen» sind nicht immer willkommen, da jeder eine Individualdistanz hat, die nur von bestimmten Menschen unterschritten werden darf. Es gibt eine intime Distanz bei «Menschen, die sich lieben», bei Familienmitgliedern und Freunden beträgt die Individualdistanz etwa eine Armlänge und bei Fremden mehr. Im Rahmen der Pflege ist es wichtig auf Einhaltung der Individualdistanz zu achten.

Tiertherapien tun gut, besonders Menschen, die früher selbst ein Tier hatten. Die Erinnerung an den Umgang mit dem Tier kann bei gelangweilten, einsamen oder kontaktarmen Menschen warme und zärtliche Gefühle wecken und ihr Wohlbefinden verbessern. Spielzeugtiere mit weichem Fell erfüllen die gleiche Funktion; die Betroffenen können sie an sich drücken, streicheln und liebkosen.

Tanz bedeutet Nähe und Berührung und ist zudem eine gute Übung für den Körper. Douglas et al. (2004) stellen fest: «Es ist wichtig zu wissen, dass Tanz auch das Bedürfnis nach nicht sexuellem Körperkontakt erfüllt, den viele Menschen mit Demenz als wohltuend empfinden.»

Musik gehört für die meisten Menschen zu ihrem Leben. Sie ruft Erinnerungen und Gedanken aus vergangenen Zeiten wach. Nach Banks (2009) aktiviert Musik das «erinnerte Selbst», entspannt, weckt angenehme Erinnerungen und vermittelt ein Gefühl von Ruhe und Sicherheit.» Brucsia (2009) ist überzeugt, dass «Musik und Lieder Zeugnis über unser Leben ablegen, uns mit unserer inneren Welt verbinden und unseren Erfahrungen Ausdruck verleihen». Diese Therapie ist besonders wirksam, wenn sie mit Erinnerungsarbeit und Tanz kombiniert wird. Bright (1997) schreibt: «Wenn die Sprache versagt, kehren in jungen Jahren erlernte vertraute Melodien zurück, die für immer im Gehirn gespeichert sind. Menschen mit Demenz können diese Melodien mitsingen, mitsummen oder mit dem Fuß ihren Takt begleiten. Die Musik beschert ihnen Entspannung, Vergnügen und soziale Kontakte.» Sozial anstößiges Verhalten geht meistens deutlich zurück.

Kunst als Therapie offenbart das kreative Potenzial der Betroffenen und hilft, als unangemessen wahrgenommenes Verhalten zu korrigieren und die Gedanken der Betroffenen in andere Bahnen zu lenken. Baines schreibt: «Zu sehen, wie Menschen mit Demenz malen oder schreiben, erfüllt einen mit Erstaunen, weil es ihnen trotz Gedächtnisverlust gelingt, ihre unverwechselbare Identität zu offenbaren.»

Die Implementierung *sinnvoller Aktivitäten* belebt verblasste Erinnerungen und bringt die Betroffenen in Kontakt mit früheren Rollen, Interessen und Hobbys. Sinnvolle Aktivitäten korrigieren ihren «Fokus», machen ihnen Spaß, geben ihnen ihre Würde zurück und stärken ihre Selbstachtung. Menschen, die sich gut fühlen, vergessen in der Regel ihr unangemessenes Verhalten. Nach Verity (2010) «ist der eigentliche Fokus nicht die Aktivität selbst, sondern der Sinn und die Befriedigung, die die Interaktion vermittelt».

Aktivitäten, die sich generell positiv auswirken, sind: Kartenspiele, Dominospiele, Blumendekorationen, Übungsprogramme, auch solche, die vom Stuhl aus absolviert werden, sowie gut organisierte gesellige Veranstaltungen. Aktivitäten im Freien, wie z.B. Gartenarbeit, Wandern oder Hydrotherapie (für diejenigen, die dazu in der Lage sind), sind ebenfalls eine gute Möglichkeit, von sexuellen Bedürfnissen abzulenken. Nach Hajjar (2004) können «Kosmetiksalons und kosmetische Behandlungen den Heimbewohnern das Gefühl vermitteln, körperlich attraktiv und sexuell begehrenswert zu sein». Das Waschen und Bürsten der Haare und das Massieren der Kopfhaut sind eine sinnliche Erfahrung. Auch das Maniküren der Nägel stellt eine Form der «wohltuenden Berührung» dar. Männer empfinden das gleiche wohlige Gefühl, wenn ihr Gesicht rasiert wird.

Die von manchen als entwürdigend empfundene *Puppentherapie* tut Menschen mit Demenz gut, wenn sie zu therapeutischen Zwecken eingesetzt wird. Die Beschäftigung mit einer lebensechten Puppe weckt bei den Betroffenen Erinnerungen an die Zeit, als sie ihr Baby oder ihre Babys versorgt haben. Die Puppentherapie aktiviert die Mutter- oder Vaterrolle und hilft den Betroffenen, ihre Gefühle zu kanalisieren und auf eine andere Art und Weise zum Ausdruck zu bringen.

Ungestörtes intimes Zusammensein mit dem Ehepartner oder Partner in einer Atmosphäre, in der beide sich willkommen und geborgen fühlen, ist wichtig, da die vertraute Nähe während der sexuellen Aktivität die durch die Trennung vom Ehepartner/Partner ausgelöste Angst dämpfen kann. Nach Doheny (2010) hat diese Intervention überraschend positive Auswirkungen auf die Gesundheit: Sie «entspannt, senkt den Blutdruck, mindert Schlafstörungen, stärkt das Selbstwertgefühl, senkt das Risiko für Prostatakrebs und verbessert bei Frauen den Tonus der Beckenbodenmuskeln». Letzteres schützt Frauen auch vor Harninkontinenz.

Sexuelle Hilfsmittel, die die Betroffenen für sich allein nutzen, können ebenfalls bei der Lösung sexueller Probleme helfen. Hilfsmittel für Frauen sind Vibratoren in Kombination mit einem Gleitmittel, für Männer mit Erektionsstörungen Vakuumpumpen. Weitere Möglichkeiten sind, eine Sexualbegleiterin zu engagieren oder die Fantasie anregende Sex-Zeitschriften oder indizierte DVDs anzubieten. Es ist ratsam, die Betroffenen vorher zu fragen, ob sie solche Hilfsmittel oder Dienstleistungen schon früher benutzt haben. Die Mitarbeiter müssen im Zusammenhang mit dem Gebrauch dieser Hilfsmittel auch sicherstellen, dass die Betroffenen über den Zweck, die Vorbereitung und Anwendung und die hygienischen Maßnahmen informiert sind und dass sie «safer Sex»-Maßnahmen kennen, falls eine Sexualbegleiterin engagiert wird. Dies ist wichtig, weil «ältere Menschen sich eher unwissentlich auf ungeschützten Sex einlassen» (Brock et al., 2007; Cloud et al., 2003; Hillman, 2007), weil sie über die damit verbundenen Risikofaktoren (Aids oder HIV) nicht richtig aufgeklärt sind. Es ist also immer gründlich zu prüfen, ob solche Hilfsmittel oder Dienstleistungen angezeigt sind. Sehr wahrscheinlich muss auch mit der Familie und den professionellen Betreuern geklärt werden, ob diese Hilfsmittel geeignet sind.

Es gibt viele Möglichkeiten, den Betroffenen zu helfen, ihre Sexualität auf sinnvolle Art auszuleben oder in andere Bahnen zu lenken. Wenn eine der genannten Möglichkeiten zum Einsatz kommt, werden weniger Medikamente gebraucht, um die Betroffenen ruhig zu stellen oder chemisch zu kastrieren.

7.5 Bedarfsorientierte Aufklärung

Formale Ausbildungsprogramme sind zweifellos wichtig, aber die bedarfsorientierte Aufklärung direkt am Krankenbett – etwa eine Erklärung, weshalb der Betroffene in der Öffentlichkeit masturbiert – sollte nicht unterschätzt werden. Mangelnde Aufklärung über dieses Problem führt dazu, dass die Mitarbeiter und die primären Betreuer ständig frustriert sind und den Betroffenen verachten. Sie klagen, dass der Umgang mit solchen Situationen für sie am schwierigsten ist. Doch andererseits sind solche Situationen eine gute Gelegenheit, die Betreuer aufzuklären, indem man sie auffordert, sich zu fragen, warum Menschen mit Demenz in der Öffentlichkeit masturbieren. Wenn sie sich mit der Frage auseinandergesetzt haben, kommen oft Antworten wie diese:

- Weil ihr Scheitelhirn zerstört ist, wissen sie nicht, wo sie sich befinden
- weil ihr Stirnhirn geschädigt ist, haben sie kein moralisches Empfinden mehr
- um ihre Sexualität zum Ausdruck zu bringen
- zur Selbstbefriedigung oder sexuellen Stimulation
- um Spaß zu haben und um sich zu entspannen
- um Stress abzubauen
- um sich gut zu fühlen
- weil ihnen langweilig ist
- sie «kratzen» sich selbst
- weil die Berührung wohltuend ist.

Die letzte Antwort, «weil die Berührung wohltuend ist» erklärt, weshalb die Betroffenen eine Heilmassage als angenehm und wohltuend empfinden und sich ihr Verhalten in der Mehrzahl der Fälle bessert. Betroffenen, die das Wohlgefühl der Masturbation vorziehen, kann ein separater Raum und zur Reinigung Seife, ein Handtuch und eine Schüssel mit warmem Wasser zur Verfügung gestellt werden.

Kommt für den Betroffenen eine Heilmassage infrage, sollten die Vorzüge dieser Intervention erläutert werden. Bei vielen Menschen löst das Wort «Massage» ganz bestimmte Vorstellungen aus. Professionelle wie primäre Betreuer sagen oft: «Wir wissen doch alle, was in diesen Massagesalons vor sicht geht!» Um solche Vorstellungen auszumerzen, sollte man stets das Element «Heil» betonen und ergänzend hinzufügen, dass eine Heilmassage eine professionelle therapeutische Maßnahme ist.

Menschen, die am Arbeitsplatz oder in der häuslichen Umgebung auf diese Art und Weise aufgeklärt werden, ziehen einen größeren Nutzen aus der Belehrung. Sie erinnern sich an einzelne Problemlösungsstrategien und greifen in ähnlichen Situationen darauf zurück.

7.6 Evaluation der Ergebnisse

Die Evaluation ist für jeden Problemlösungsansatz von entscheidender Bedeutung. Der folgende Fragenkatalog liefert wertvolle Kriterien und Anhaltspunkte für die Ergebnisbewertung:

Intensität des Wohlbefindens

- Ist der Betroffene körperlich und emotional ausgeglichener?
- Sind die professionellen Betreuer weniger frustriert oder negativ?
- Ist der primäre Betreuer oder eine wichtige Bezugsperson froh, dass der von ihnen betreute Mensch seine Würde und sein Wohlbefinden wiedererlangt hat?
- Sind die Mitbewohner oder deren Besucher mit der Situation zufrieden?

Kontinuität der Pflege

- Wurden die lebensverbessernden Ziele erreicht?
- Wird der personenzentrierte Pflegeplan umgesetzt? Ist die Umsetzung erfolgreich?
- Wurde die Implementation des Pflegeplans vom Management unterstützt?

Aufklärung

- Gab es Situationen, in denen eine direkte Aufklärung über bestimmte Probleme nötig war?
- Über welche Themen wurde aufgeklärt?
- Wurden die Themen festgehalten mit dem Ziel, sie in zukünftige formale Ausbildungsprogramme zu integrieren?
- Wie viele professionelle Betreuer wurden bedarfsorientiert aufgeklärt? Haben sie von der Aufklärung profitiert?

Alle Antworten auf die obigen Fragen müssen dokumentiert werden, da sie zum Erfolg des Problemlösungsprozesses beitragen und aufzeigen, welche Themen künftig in die Weiterbildung oder Ausbildung integriert werden sollten. Lässt das Feedback erkennen, dass die Problemlösung nicht erfolgreich war, muss der ganze Prozess wiederholt werden. Es kann sein, dass sich an der Identifizierung und Diagnose des Problems nichts ändert, sondern lediglich die Zielsetzung und Planung überarbeitet und andere, individuell auf den Betroffenen abgestimmte Strategien implementiert werden müssen.

Die Antworten auf die unter Schritt 1 und Schritt 2 aufgeführten Fragen liefern eine Fülle von Informationen zur Lebensgeschichte und zu den sexuellen Gewohnheiten der Betroffenen. Die Fallstudien in Kap. 8 zeigen die Anwendung der theoretischen Grundlagen des Problemlösungswegs in der Praxis und dokumentieren die Vorzüge und den Erfolg einiger Strategien.

8 Der Lösungsweg in der Praxis

In diesem Kapitel wird anhand von vier Fallstudien gezeigt, wie es mithilfe von kreativen, auf die unerfüllten sexuellen Bedürfnisse der Betroffenen abgestimmten Problemlösungsinterventionen gelingt, wahrgenommenes unangemessenes Verhalten zu unterstützen oder in sinnvolle, bereichernde Aktivitäten umzuwandeln.

> «Ich bin nur eine Person, aber ich bin eine. Ich kann nicht alles tun, aber ich kann irgendetwas tun. Und weil ich nicht alles tun kann, werde ich mich nicht weigern, das zu tun, was ich tun kann.»
>
> *Helen Keller*

Es braucht intensive individuelle Einschätzung, Zielfestlegung und kreative Planung, um Strategien zur Verbesserung des sexuellen Verhaltens zu entwickeln, die die «Welt der Demenz» der betroffenen Menschen verbessern. Individuelle Strategien, die das sexuelle Verhalten entweder unterstützen oder korrigieren, müssen den emotionalen Zustand der Betroffenen, ihre unerfüllten sexuellen Bedürfnisse sowie ihre früheren Interessen und bevorzugten Aktivitäten berücksichtigen. Alles zielt darauf ab, die «Lebensqualität» der Menschen mit Demenz zu verbessern, ihre positive Selbstwahrnehmung zu fördern und ihre Identität, ihre Eigenschaften und Erfahrungen anzuerkennen.

Allerdings sind diese Strategien in einem arbeitsintensiven Umfeld mit rivalisierenden Prioritäten nicht leicht umzusetzen. Störendes unangemessenes sexuelles Verhalten, das immer wieder auftritt, kann eine große Belastung für die professionellen Betreuer sein, besonders dann, wenn sie nicht über die nötigen Kenntnisse und Fähigkeiten verfügen, das problematische Verhalten zu unterstützen, zu korrigieren oder in andere Bahnen zu lenken.

Die folgenden vier Fallstudien zeigen auf, wie mithilfe des im vorigen Kapitel beschriebenen Problemlösungsweges ein positives Ergebnis erzielt werden kann.

Kasten 8-1:
Fallstudie: Mr Jonetti

Verlust der Hemmungen aufgrund einer Schädigung des Stirnhirns.
Mr Jonetti, 65 Jahre alt, Diagnose Niemann-Pick-Krankheit, hatte sich nach dem Tod seiner Frau zu Hause selbst versorgt. Doch da sich seine Funktionsfähigkeit im Alltag in den letzten Monaten verschlechtert hatte, wurde er kürzlich auf einer Station für Menschen mit Demenz untergebracht.

Das Problem
Unangemessene «Berührung des Intimbereichs».

Die professionellen Betreuer beobachteten mit Abscheu, wie Mr Jonetti auf eine Frau mit fortgeschrittener Demenz zuging, sie auf seine Knie setzte und mit seiner Hand ihre Genitalien berührte. Anschließend nahm er ihre Hand und berührte damit seine Genitalien. Aufgrund seines Verhaltens wurde Mr Jonetti als «sexuell abartig» bezeichnet. Das Pflegepersonal war sehr beunruhigt, dass die betreffende Frau allem Anschein nach weder gezwungen wurde, noch etwas gegen die Berührung ihres Intimbereichs einzuwenden hatte. Aber einige der empörten professionellen Betreuer waren weiterhin überzeugt, dass Mr Jonetti die Demenz der Frau für seine Zwecke nutzte. Die Betreuer schalteten eine klinische Pflegeberaterin ein, die ihnen bei der Lösung des Problems helfen sollte.

Wie die Befragung ergab, war das Pflegepersonal überzeugt, Mr Jonetti habe Langeweile und sei unzufrieden mit seiner neuen Umgebung. Sie gaben an, dass sein störendes Verhalten immer in der Öffentlichkeit stattfand, im Gemeinschaftsraum, was unzumutbar für die anderen Bewohner und deren Besucher war. Die Mitarbeiter waren aus gutem Grund frustriert und beunruhigt und sahen es als ihre Aufgabe an, das Problem zu lösen.

Ein Freund von Mr Jonetti konnte Auskunft über dessen Geschichte geben. Mr Jonetti war mit seiner Frau nach dem zweiten Weltkrieg von Florenz nach Australien ausgewandert, wo er bei einem Bauunternehmen eine Anstellung als Maurer fand. Da sie keine Kinder hatten, engagierten beide sich im örtlichen italienischen Verein, wo sie gerne und regelmäßig mit den anderen Karten spielten, sangen und die Nächte durchzutanzen. Als Mrs Jonetti zehn Jahre zuvor starb, setzte Mr Jonetti diese abendlichen Aktivitäten fort. Er war sexuell immer sehr aktiv gewesen und hatte die Gesellschaft von Frauen genossen und dies änderte sich auch nicht, als er Witwer war. Er war immer hinter den Damen her und lud sie zu sich nach Hause ein, was ihm im Klub den Ruf «Latin lover» eintrug. Der Freund stufte Mr Jonetti in der glockenförmigen Grafik bei den sexuell sehr Aktiven ein.

Die Diagnose Niemann-Pick-Krankheit gab Aufschluss über das Problem. Bei dieser Krankheit sind Stirn- und Schläfenhirn geschädigt, was den Verlust der sozialen Verhaltensnormen und des Urteilsvermögens zur Folge hat. Die Niemann-Pick-Krankheit war offensichtlich der Grund für Mr Jonettis anstößiges Verhalten und erklärte auch, dass er nicht in der Lage war, sein Verhalten als inakzeptabel wahrzunehmen.

Unter Berücksichtigung von Mr Jonettis Lebensgeschichte, seinen sexuellen Gewohnheiten und Freizeitaktivitäten wurde der folgende personenzentrierte Plan implementiert:

Der örtliche italienische Verein wurde kontaktiert und für ein Besuchsprogramm gewonnen, das helfen sollte, Mr Jonettis Verhalten durch Einbindung in frühere sinnvolle Aktivitäten und Erinnerungsarbeit zu korrigieren:

- Karten spielen
- mit Akkordeonbegleitung vertraute Lieder singen
- zur Musik tanzen
- ein Fotobuch zusammenstellen mit: Aufnahmen von Florenz; Fotos von Orten, die Mr und Mrs Jonetti im Urlaub besucht haben und von historischen Gebäuden in Rom
- mithilfe eines Fotoalbums Erinnerungen an schöne Momente wecken
- Heilmassage, durchgeführt zwei Mal pro Woche, von einem Masseur.

Die Heilmassage brachte Wohlbefinden und Berührung in Mr Jonettis Leben und half ihm, sich zu entspannen. Wirklich verändert hat sich Mr Jonettis Verhalten jedoch durch den erneuten Kontakt mit der italienischen Community. Vertraute Dinge wie Musik und Tanz sowie die anderen Aktivitäten brachten Mr Jonetti in Kontakt mit seiner Vergangenheit. Nach Coaten (2001) ist «Erinnerung eine Möglichkeit, den Betroffenen ein Stück ihres Selbst zurückzugeben, das sehr kostbar ist…Bei dem Prozess geht es nicht darum, sich an ein vergangenes Ereignis zu erinnern, sondern es in der Gegenwart noch einmal zu erleben». Die männlichen und weiblichen freiwilligen Helfer, von denen jede(r) das Leben von Mr Jonetti um eine neue Dimension erweiterte, bereiteten ihm großes Vergnügen, und zwar so sehr, dass er sie jeden Morgen schon an der Tür erwartete und seine früheren Aktivitäten völlig vergaß. Musik und Tanz brachten auch den Mitbewohnern, die ebenfalls teilnehmen durften, viel Spaß und Entspannung.

Kasten 8-2:

Fallstudie: Mrs Knight

Probleme mit dem Kurzzeitgedächtnis und der Informationsverarbeitung.
Mrs Knight, 85 Jahre alt, hatte seit vielen Jahren die Alzheimer-Krankheit und lebte seit vier Jahren auf einer Station für Menschen mit intensivem Pflegebedarf. Seit einiger Zeit hatte sie eine enge intime Beziehung mit Mr Manning, einem Bewohner.

Das Problem
Die Tochter war gegen die neue intime Beziehung ihrer Mutter.

Mrs Knights Tochter, Mrs Lewis, beklagte sich bei dem Pflegepersonal, weil die Beziehung ihrer Mutter zu Mr Manning ihrer Ansicht nach inakzeptabel war. Mrs Lewis war sehr empört, als sie von der Beziehung erfuhr. Das Paar war unzertrennlich, man sah die beiden immer Hand in Hand, und manchmal schmusten sie und küssten sich vor den anderen Bewohnern. Mrs Lewis hielt das Verhalten ihrer Mutter für untypisch; es war nicht ihre Art, ihre Gefühle so offen zu zeigen. Die professionellen Betreuer übernahmen die Verantwortung für das Problem, die Beziehung zwischen den beiden.

Mrs Lewis erklärte sich bereit, an einem Treffen teilzunehmen und gab die Erlaubnis, mit der Fallmanagerin und der klinischen Pflegeberaterin die wahrgenommenen Probleme, Fragen und Bedenken zu erörtern. Das Treffen lieferte Informationen über die Lebensgeschichte und die sexuellen Gewohnheiten von Mrs Knight und waren wichtig für die Suche nach einer akzeptablen Lösung.

Mrs Knight war 42 Jahre alt, als ihr Ehemann plötzlich an einen Herzanfall starb. Mrs Lewis beharrte darauf, dass ihre Mutter sich früher nie für eine andere Beziehung interessiert hatte. Sie war schockiert, als sie gefragt wurde, ob ihre Mutter masturbiere. «Meine Mutter würde so etwas nie tun», antwortete sie sehr bestimmt. Es wurde bezweifelt, dass Mrs Lewis wirklich wissen könne, was ihre verwitwete Mutter privat tue und sie wurde aufgeklärt, dass für einige Menschen ohne Partner Masturbation ein natürlicher Bestandteil ihrer Sexualität sei.

Beim zweiten Treffen waren die Tochter und auch ihre Mutter anwesend. Mrs Knight saß die ganze Zeit still dabei, bis sie eine «lebensechte» Puppe entdeckte, die auf einem Stuhl in ihrer Nähe saß. Die Puppe rief anscheinend eine frühere emotionale Reaktion wach und zur Überraschung ihrer Tochter nahm sie die Puppe, liebkoste sie begeistert, zog sie aus und wieder an.

Dieses Verhalten erinnerte Mrs Lewis daran, dass ihre Mutter sich immer gerne um Babys und kleine Kinder gekümmert hatte. Mrs Lewis erzählte, ihre Mutter sei immer mit ihrem Haushalt beschäftigt gewesen und nach ihrer Heirat nie wieder in ihren früheren Beruf als Verkäuferin zurückgekehrt. Aber sie versorgte «gegen Bezahlung» die Kinder ihrer drei Töchter, die berufstätig waren. Sie liebte es, sich auf diese Art und Weise nützlich zu machen und von anderen gebraucht zu werden. Sie hatte auch immer gerne auf das Baby einer Freundin oder Nachbarin aufgepasst, wenn es nötig war.

Als Mrs Lewis die frühere sexuelle Aktivität ihrer Mutter auf der glockenförmigen Grafik einordnen sollte, sagte sie, soweit sie dies beurteilen könne, sei ihre Mutter sexuell nie sehr aktiv gewesen. Doch angesichts der neuen Beziehung zu Mr Manning war es gut möglich, dass Mrs Knight mit fortschreitender Demenz die Seiten gewechselt hatte. Es war der drastische Wechsel von der früheren Zurückhaltung ihrer Mutter zu ihrem jetzigen Verlangen nach Mr Mannings Gesellschaft, der Mrs Lewis stutzig machte.

Aus Sorge um Mrs Knights Wohlbefinden wurden ihre entscheidungsspezifischen Fähigkeiten eingeschätzt. Dabei kam heraus, dass Mrs Knight, bedingt durch ihre Alzheimer-Krankheit, die Fähigkeit, das Urteilvermögen, die Einsicht und die geistigen Möglichkeiten fehlten, die Konsequenzen ihres Verhaltens zu verstehen. Vielleicht, so wurde überlegt, hatte Mrs Knight auf die Aufmerksamkeit reagiert, die Mr Manning ihr entgegenbrachte und die sie an ihre frühere Rolle erinnerte, als sie ihren Emotionen freien Lauf lassen konnte. Doch Mrs Lewis, die die unbefristete Vormundschaft über ihre Mutter hatte und für Entscheidungen über deren Pflege und

Wohlergehen verantwortlich war, bestand darauf, um der Würde ihrer Mutter willen, die Beziehung zu unterbinden.

Da Mrs Knight sich so für die lebensechte Puppe interessiert hatte, wurde Mrs Lewis eine Puppentherapie als Ablenkungsstrategie vorgeschlagen. Zuerst war sie dagegen, weil sie das Gefühl hatte, eine solche Therapie sei entwürdigend für ihre Mutter. Doch sie änderte ihre Meinung, als sie erfuhr, dass der Einsatz von Puppen in der Demenzpflege und speziell auch im Fall ihrer Mutter bewirken kann, dass sie sich gebraucht und nützlich fühlt und mit ihrer früheren Rolle als Betreuerin in Kontakt kommt. Nach Verity (2000) «hat die Puppentherapie eine starke symbolische Bedeutung, weil es dabei um Planen und Pflegen geht; sie kann das Wohlbefinden von Menschen mit Demenz insgesamt verbessern».

Mrs Lewis kaufte eine «lebensechte Puppe», eine Wiege und sämtliches Zubehör. Die Puppe sollte wie ein richtiges Baby behandelt werden, das Mrs Knights Aufmerksamkeit Tag und Nacht in Anspruch nahm. Durch die Versorgung der Puppe erlebte Mrs Knight vor ihrem geistigen Auge noch einmal ihre Zeit «als Mutter, die sich um ihre Kinder kümmert, sie liebt und von ihnen wiedergeliebt wird» (Verity, 2010). Es wurde beobachtet, dass Mrs Knight im Schlaf die Puppe liebkoste, so wie sie es vor vielen Jahren mit ihren Kindern getan hatte.

Mrs Knight ging in ihrer neuen Mutterrolle völlig auf. Die enge Beziehung zu Mr Manning war beendet. Leider war das Ergebnis nicht sehr positiv für Mr Manning, der nun gezwungen war, sich anderweitig nach Gesellschaft umzusehen. Doch die Mitarbeiter reagierten sehr klug und lenkten seine Aufmerksamkeit auf gesellige Ereignisse, Ausflüge und Aktivitäten, die sinnvoll waren und ihn interessierten.

Kasten 8-3:
Fallstudie: Mr Nelson

Schädigung des Stirn- und Schläfenhirns; Verlust der sozialen Hemmungen.
Mr Nelson, 58 Jahre alt, Diagnose früh ausbrechende Demenz. Mr Nelson war noch in der Lage, allein auf der Selbstversorgungsstation eines Seniorenzentrums zu leben. Die professionellen Betreuer des Seniorenzentrums halfen ihm täglich beim Duschen.

Das Problem
Unangemessene Berührungen, unerwünschte sexuelle Annäherungsversuche und Masturbation in der Öffentlichkeit.

Die Mitarbeiterinnen berichteten, Mr Nelson kneife oder berühre ihre Brüste oder ihr Hinterteil, immer wenn sie ihm beim Duschen halfen. Ständig erzähle er ihnen auf obszöne Art von seinen sexuellen Bedürfnissen. Den Mitarbeiterinnen waren seine unerwünschten Berührungen zuwider und sie hielten Mr Nelson begreiflicherweise auf Abstand und gaben ihm aus der Entfernung Anweisungen, wie er seine Körperteile waschen sollte anstatt dies für ihn zu tun, wie er es gerne wollte.

Aber sein Verhalten war noch schlimmer, wenn die Mitarbeiterinnen später am Tag noch einmal bei ihm vorbeischauten, um seine Medikamente zu kontrollieren. Dann fanden sie ihn in seinem Wohnzimmer, wo er nackt vor ihnen masturbierte. Dies war für die Mitarbeiterinnen eine äußerst peinliche Situation und sie bezeichneten ihn als «lüsternen alten Mann». Er ignorierte alle Zurechtweisungen und machte keine Anstalten, sein Verhalten zu ändern.

Es war eine große Herausforderung für die Fallmanagerin und die klinische Pflegeberaterin, einen Pflegeplan zu implementieren, der den sexuellen Bedürfnissen von Mr Nelson gerecht wurde. Die Mitarbeiterinnen hatten bereits darum gebeten, Mr Nelson an eine Einrichtung für Menschen mit erhöhtem Pflegebedarf zu überweisen. Zunächst jedoch galt es, sie direkt darüber aufzuklären, dass Mr Nelson sie mit seinen unerwünschten Berührungen, sexuellen

Annäherungsversuchen und dem Masturbieren vor ihren Augen nicht schockieren wollte, sondern dass er, bedingt durch seine frontotemporale Demenz, seine Hemmungen verloren habe und auch nicht verstehen könne, dass sein Verhalten anstößig auf andere wirke.

Aus den Krankenakten ging hervor, dass Mr Nelson zwei Mal geschieden und zurzeit nicht in einer Partnerschaft war. Er hatte sehr viel Ärger mit seiner zweiten Scheidung. Die Tochter aus erster Ehe besuchte ihn regelmäßig und berichtete, ihr Vater sei Buchhalter gewesen, bevor er seinen Beruf wegen der Krankheit aufgeben musste. Er hatte früher Golf gespielt, war sehr gesellig und verbrachte daher viel Zeit im Klubhaus. Sein Hobby war die Rosenzucht. Sie erwähnte auch, für ihren Vater sei «Sexualität sehr wichtig und er brauche immer eine Frau in seinem Leben». Mr Nelson ordnete sich auf der glockenförmigen Grafik (S. 109) bei den sexuell sehr Aktiven ein und seine Tochter bestätigte dies.

Mr Nelsons sexuelle Gewohnheiten zeigten, dass er ein sehr aktives Sexualleben hatte. Da er derzeit auf eine Partnerin, Gesellschaft und «wohltuende Berührung» verzichten musste, wurden eine therapeutische Heilmassage und die Dienste einer Sexualbegleiterin empfohlen. Mr Nelsons finanzielle Situation erlaubte es ihm, zwei Mal wöchentlich einen Masseur für eine Ganzkörpermassage und zwei Mal wöchentlich eine Sexualbegleiterin zu engagieren, die an den Tagen kam, wenn der Masseur nicht da war. Die Sexualbegleiterin wurde unter der Bedingung engagiert, dass sie «safer sex» praktizierte. Beide Dienstleistungen wurden ausprobiert und erwiesen sich als erfolgreich. Jede Dienstleistung verschaffte Mr Nelson das spezielle Wohlgefühl, auf das er in seinem Leben verzichten musste. Mr Nelsons Tochter wurde auch aufgefordert, sich an der Pflegeplanung zu beteiligen, die folgendermaßen implementiert wurde:

- Zwei Mal pro Woche Besuche des Masseurs
- zwei Mal pro Woche diskrete Besuche der Sexualbegleiterin
- die Sexualbegleiterin brachte aus der Leihbücherei ihrer Agentur DVDs für Erwachsene mit und tauschte sie regelmäßig aus
- die Tochter brachte ihm Monatszeitschriften mit «Themen für Erwachsene» mit

- die Mitarbeiter brachten Mr Nelson Hygienemaßnahmen bei und stellten ihm einen eigenen Raum für sein privates «Wohlfühlprogramm» zur Verfügung
- die Tochter stellte ein Buch über die «Lebensgeschichte» ihres Vaters zusammen, das wichtige Ereignisse und Dinge enthielt, für die er sich interessierte
- das Management des Seniorenzentrums stellte Mr Nelson im Außenbereich Gartenland zur Verfügung, wo er einen Rosengarten anlegen und pflegen konnte
- die Mitarbeiter achteten auf Golf-Sendungen im Fernsehen und schalteten sie für ihn ein
- Mr Nelson wurde empfohlen, an dem von der lokalen Demenzberatungsstelle angebotenen Living with Memory Loss-Programm (Leben mit Gedächtnisverlust-Programm) teilzunehmen.

Die Besuche des Masseurs und der Sexualbegleiterin entspannten Mr Nelson und bauten seinen Stress ab. Obwohl der Sex mit der Sexualbegleiterin natürlich sehr unpersönlich war, verschaffte er Mr Nelson dennoch so viel Genuss und Befriedigung, dass sein Verhalten sich änderte. Auch die Mitarbeiterinnen profitierten von dem Ergebnis, da intime Berührungen, sexuelle Annäherungsversuche und Masturbation vor ihren Augen kein Problem mehr darstellten.

Das Buch über die «Lebensgeschichte» war ein großer Erfolg. Um die Kommunikation zu eröffnen, konnten die Mitarbeiterinnen Mr Nelson jederzeit auf ein Thema aus seinem Buch ansprechen. Er erzählte sehr gerne von seinen Erfolgen beim Golfspielen oder Geschichten aus seinem Berufsleben. Die Mitarbeiterinnen, die an einer Weiterbildungsmaßnahme teilgenommen hatten, konnten Mr Nelsons Verhalten jetzt verstehen und reagierten gelassen in seiner Gegenwart. Es war nicht mehr nötig, ihn an eine andere Einrichtung zu überweisen.

Kasten 8-4:
Fallstudie: Mrs Quigley

Schädigung des Scheitelhirns.
Mrs Quigley, 77 Jahre alt, Alzheimer-Krankheit im fortgeschrittenen Stadium. Da Mrs Quigley ihren Ehemann nicht mehr erkennen konnte, suchte sie sich einen anderen männlichen Begleiter. Sie lebt seit drei Jahren in einer Pflegeeinrichtung für Menschen mit Demenz.

Das Problem
Agnosie, entkleiden und ihre Beziehung zu einem Mitbewohner, der nicht ihr Ehemann ist.

Mr Quigley besuchte seine Frau jeden Tag, aber sie ignorierte ihn. Sie entkleidete sich immer wieder und ließ ihre Kleidungsstücke auf dem Flur liegen, an dessen Ende das Zimmer eines Bewohners lag, das sie aufsuchte, um Sex mit ihm zu haben. Zum Entsetzen von Mr Quigley liebkosten sich seine Frau und der Bewohner häufig.

Mr Quigley sagte, das sei nichts Neues. Sie habe schon früher intime Beziehungen zu anderen Bewohner gehabt. Er hatte schon vier Mal darum gebeten, seine Frau in einem anderen Teil der Einrichtung unterzubringen. Leider war dies die letzte Möglichkeit für Mrs Quigley und Mr Quigley überlegte, ob er einen Antrag auf Überweisung an eine andere Pflegeeinrichtung stellen sollte. Er befürchtete jedoch, dass Mrs Quigley, unabhängig vom Ort ihrer Unterbringung, immer wieder versuchen würde, eine unpassende intime Beziehung anzustreben.

Bei einem Gespräch mit Mr Quigley positionierte er sich und seine Frau auf der glockenförmigen Grafik (S. 109) im Bereich der sexuell sehr Aktiven, da sie bis zwei Jahre vor ihrer Unterbringung in der Pflegeeinrichtung ein sehr aktives Sexualleben hatten. Aus diesem Grunde war er auch enttäuscht und ein wenig niedergeschlagen, dass Mrs Quigley die Gesellschaft eines anderen Mannes vorzog. Er sagte: «Immerhin sind wir seit 55 Jahren verheiratet und 50 Jahre davon waren wir sexuell aktiv.»

Mr Quigley verriet, dass er in den letzten zwei Jahren unter Erektionsstörungen litt. Er meinte, dies könne der Grund sein, weshalb seine Frau immer wieder Beziehungen zu Mitbewohnern hatte. Er erzählte, sein Arzt habe ihm ein Medikament verschrieben, das die Erektionsstörungen beseitigt hätte, aber als er dann Herzprobleme bekam, sei es abgesetzt worden. Ihm wurde gegen die Erektionsstörungen eine «Vakuumpumpe» empfohlen und erklärt, die Pumpe werde um das Gewebe des Penis gelegt, vermehre durch ihre Aktivität die Blutzufuhr in den Penis, sodass es zu einer Erektion komme. Mr Quigley setzte das Hilfsmittel versuchsweise und auch später noch mit Erfolg ein.

Mrs Quigleys Lebensgeschichte ergab, dass sie nach ihrer Heirat nie wieder berufstätig war. Sie hatte zwei Kinder großgezogen, eine Tochter, die jetzt eine eigene Familie hatte, und einen Sohn, der mit seiner Familie in der Nähe lebte und seinen Vater sehr unterstützte. Mrs Quigley hatte sich in ihrer Gemeinde sehr engagiert, sie war Vorsitzende des Elternbeirats in der Schule ihrer Kinder und später freiwillige Helferin im örtlichen Krankenhaus. Sie strickte gerne und war in jüngeren Jahren bekannt für ihre Kochkünste.

Es kamen mehrere Probleme für die personenzentrierte Planung infrage. Das erste war die Behebung ihrer Agnosie, die dazu führte, dass sie das vertraute Gesicht ihres Mannes nicht erkannte und von ihrer früheren intimen Beziehung nichts mehr wusste. Mit Mr Quigleys Einverständnis trafen er und das Management der Einrichtung folgende Vereinbarungen:

- Mrs Quigley sollten Fotos aus ihrer gemeinsamen Vergangenheit gezeigt werden: erste Liebe, Hochzeit, Flitterwochen und die erste Zeit ihrer Ehe
- Mr Quigley sollte regelmäßig eine Nacht bei seiner Frau verbringen, damit das Paar sich wieder annähern konnte
- Mr Quigley sollte beim Vorspiel ein Gleitmittel gegen Scheidentrockenheit oder Schmerzen beim Geschlechtsverkehr benutzen. Das Pflegepersonal wurde angewiesen, einen Arzt um Rat zu fragen, falls Mrs Quigley trotz des Gleitmittels Schmerzen beim Geschlechtsverkehr haben sollte. Bei zusätzlichen Beschwerden in

den Gliedmaßen sollten zur Unterstützung Kissen benutzt werden und sie sollte eine halbe Stunde vor dem Sex ein Schmerzmittel einnehmen.

- Das Management der Pflegeeinrichtung sollte das Ambiente bereitstellen:
  - ein Einzelzimmer mit Doppelbett oder zwei zusammenschiebbaren Einzelbetten
  - ein Menü aus köstlichen Leckereien und Wein
  - ein Schild mit der Aufschrift «Bitte nicht stören», um die Privatsphäre des Ehepaares zu schützen.

Das nächste Problem, das es zu lösen galt, war das Entkleiden. Wie schon im Fall von Mrs Polanski (s. Kap. 4) wurde auch hier der Vorschlag gemacht und umgesetzt, zwei hübsche seidige Kleidungsstücke, einen Poncho und einen Kaftan, zu kaufen. Die Kleidungsstücke waren immer griffbereit, um sie im Bedarfsfall schnell zur Hand zu haben. Kleidungsstücke aus Seide oder Satin fühlen sich sehr angenehm auf nackter Haut an. Sie werden gerne getragen und die Mitarbeiter können sie Mrs Quigley notfalls schnell über den Kopf ziehen.

Um Mrs Quigleys Aufmerksam von ihrem Mitbewohner abzulenken, wurde folgender Plan implementiert:

- Es wurde eine Schachtel mit Erinnerungsstücken vorbereitet. Sie enthielt: Familienfotos, Lieblingsrezepte, Strickmuster, Ehrenabzeichen und Ehrenurkunden als Anerkennung für ihr ehrenamtliches Engagement in der Schule und/oder im Krankenhaus, andere wertvolle Dinge.
- täglich eine «wohltuende Berührung» in Form einer Handmassage
- versuchsweise Anwendung einer Aromatherapie, um die Erinnerung zu fördern: drei Tropfen ätherisches Lavendelöl werden in ein Fußbad (alle zwei Tage) gegeben. Da Mrs Quigley nicht allergisch auf den Geruch von Lavendelöl reagierte, konnte die Anwendung in einem Fußbad eine Weile versuchsweise beibehalten werden. Die Mitarbeiter wurden gebeten, Veränderungen zu dokumentieren.

Die Schachtel mit Erinnerungsstücken brachte Mrs Quigley in Kontakt mit Dingen und Ereignissen, die wichtig für sie waren. Nach Coaten (2001) «können multisensorische Trigger wie Fotos und andere, mit bestimmten Erinnerungen verbundene Dinge kognitive Beeinträchtigungen ausgleichen, wobei Gegenstände, die man berühren, in die Hand nehmen und weiterreichen kann besonders wichtig sind». Diese Dinge waren daher geeignet, ihre Aufmerksamkeit von allem anderen abzulenken. Die Handmassage erleichterte die Kontaktaufnahme zu Mrs Quigley. Sie drückte Empathie aus und signalisierte ihr, dass sie nicht allein war und dass die anderen ihre Gefühle teilten.

Die Implementation der geplanten Interventionen lohnte sich für Mr und Mrs Quigley:

- Mr Quigley zog seine Bitte um Überweisung seiner Frau in eine andere Einrichtung zurück
- die Übernachtungen von Mr Quigley in der Pflegeeinrichtung führten dazu, dass Mrs Quigley von der Beziehung zu dem Mitbewohner abgelenkt wurde und sich wieder ihrem Ehemann zuwandte
- Poncho und Kaftan halfen, das Entkleidungsproblem zu lösen
- die Dinge aus der Schachtel entfachten Mrs Quigleys Begeisterung für vergangene Ereignisse und ließen sie neuere Vergnügungen vergessen
- alternative sensorische Therapien förderten ihre Entspannung.

Die vier Fallstudien belegen, dass die Anwendung der im vorigen Kapitel beschriebenen Schritte des Problemlösungsweges geeignet ist, das Problem genau zu identifizieren und individuell abgestimmte Interventionen zu planen. Die Interventionen haben die vier Menschen mit Demenz mit frühere Interessen, Erinnerungen und Fähigkeiten konfrontiert und damit allen gezielt geholfen, ihre Aufmerksamkeit auf nützlichere und sinnvollere Ziele zu richten. So konnten sie ihr Selbstwertgefühl zurückgewinnen und ihr Wohlbefinden stärken.

9 Veränderungen in die Wege leiten

Im letzten Kapitel geht es um Möglichkeiten, Veränderungen in die Wege zu leiten. Es wird aufgezeigt, wie es gelingt, negative **reaktive** [abwartende/verneinende] Ansätze durch positive **proaktive** [initiative/bejahende (Anm. des Herausgebers)] Interventionen zu ersetzen, die Menschen mit Demenz helfen, ihre Sexualität auf eine Weise auszuleben, die ihre Lebensqualität verbessert.

> «Wer etwas verändern will, muss sich selbst verändern. Wenn die Dinge besser werden sollen, müssen wir selbst besser werden.»
>
> *Heidi Wills*

Veränderungen sollten den sexuellen Wünschen und Bedürfnissen der Menschen mit Demenz gerecht werden, um ihrer Würde und ihrem Wohlbefinden nicht zu schaden. Dies wird für die Mitarbeiter jedes Mal eine anspruchsvolle und schwierige Aufgabe sein.

Der Veränderungsprozess ist schwierig, weil die Einstellung der Mitarbeiter einen wesentlichen Einfluss darauf hat, wie sie mit der Situation umgehen. Manche stört es, wenn die Menschen, die sie betreuen, ganz ungeniert nach sexueller Erfüllung streben; sie empfinden dies als ein Problem. Wie in Kap. 2 erwähnt, ist der Grund für die negative Einstellung darin zu sehen, dass diese Mitarbeiter sich sexuelle Beziehungen bei älteren Menschen, besonders bei solchen mit der Diagnose Demenz, nur schwer vorstellen können.

Die Veränderung von Einstellungen ist ein langwieriger Prozess. Man könnte als Einstieg die Mitarbeiter darauf aufmerksam machen, dass die Menschen, die sie betreuen, auch einmal jung waren (vielleicht im gleichen Alter wie die Mitarbeiter jetzt) und lediglich älter geworden sind. Eine Frage, die die Mitarbeiter zum Nachdenken anregt, könnte lauten, ob sie glauben, dass sie mit 70 immer noch sexuell aktiv sein werden. Die Antworten fallen meistens unterschiedlich aus, aber in der Regel hoffen die meisten, dass sie auch mit über 70 noch sexuell aktiv sein werden, auch wenn sie Demenz haben sollten.

Wir brauchen Ausbildungsprogramme, die vermitteln, dass auch ältere oder behinderte Menschen sexuelle Bedürfnisse und Wünsche haben, die «seit Anbeginn tief im Leben der Menschen verankert sind» (Bancroft, 2009). Diese sexuellen Bedürfnisse sollten bei der Planung der Pflege und Interventionen oberste Priorität haben und es sollten Rückzugsmöglichkeiten geschaffen werden, damit sie diesen natürlichen Bestandteil ihres Lebens ausleben können.

Es ist wichtig, ältere Menschen, etwa solche, die den Nobel-Preis gewonnen oder Leistungen für die Gesellschaft, die Wissenschaft und den Sport erbracht haben, als positive Beispiele heranzuziehen. Dies kann helfen, die letzten Reste einer negativen Einstellung zu vertreiben. Diese beispielhaft zitierten Menschen haben zwar keine Demenz, aber eine positive Einstellung gegenüber älteren Menschen hilft zu vermitteln, dass Menschen mit Demenz über Qualitäten und Eigenschaften verfügen, die sie zu einer einzigartigen Persönlichkeit machen.

Gesundheitliche Aufklärung über Demenz gibt den professionellen Betreuern einen Einblick in die Stadien der Demenz und die Ursachen der auffälligen Veränderungen im Verhalten der betroffenen Menschen. Es ist beispielsweise wichtig zu wissen, dass Menschen mit Beeinträchtigungen des Stirn- oder Schläfenhirns sich oft anstößig verhalten, obwohl auch andere, durch die Demenz geschädigte Hirnareale die Ursache für enthemmtes Verhalten sein können (Kamel et al., 2004). Die professionellen Betreuer sollten wissen, dass auch die primären Betreuer über Demenz aufgeklärt werden müssen und Informationen über Unterstützungsgruppen brauchen. Aufklärung hilft den primären Betreuern, etwaige Verhaltensänderungen besser zu verstehen und besser mit ihnen umzugehen.

Die Wissenserweiterung wird den erfahrenen professionellen Betreuern helfen, den Wechsel zu proaktiven Problemlösungsstrategien in die Wege zu leiten, doch viele der weniger erfahrenen Mitarbeiter könnten sich weiterhin negativ reaktiv verhalten. Daher sollte bei der Wissensvermittlung Rücksicht auf die unterschiedlichen Kenntnisse, Fähigkeiten und Erfahrungen der Mitarbeiter genommen werden.

Diese Empfehlung wird gestützt durch die von Ward et al. (2005) in älteren Pflegeeinrichtungen durchgeführte Untersuchung, die zu dem Schluss kam: «Ältere Mitarbeiter hatten beobachtet, dass jüngere und weniger erfahrene Mitarbeiterinnen mehr Schwierigkeiten haben, mit sexuellen Annäherungsversuchen von Bewohnern umzugehen, was die Befunde vorliegender Studien bestätigt, die auf die Belastungen durch derartige Vorfälle verweisen und auf den potenziell nachteiligen Einfluss auf die Beziehung zwischen Betreuer und dem zu betreuenden Menschen aufmerksam machen» (Archibald, 2001, 2002; Barnes, 2001). Wenn eine jüngere Mitarbeiterin durch ständiges unangemessenes Verhalten stark belastet wird oder früher Opfer irgendeiner Form von sexuellem Missbrauch war, der unangenehme Erinnerungen auslöst, ist es ratsam, die betreffende Mitarbeiterin mit der Betreuung einer anderen Person zu betrauen (s. Kap. 1).

Aufklärung kann auch bewirken, dass Homophobie «der Erkenntnis weicht, dass Menschen sehr unterschiedlich sind und die ‹Einzigartigkeit› eines jeden Menschen zu achten ist» (Kuhn, 2002). Nach Barrett (2009) «kann Aufklärung zu der Erkenntnis führen, dass der Kummer und Verlust über die Tatsache, einen gleichgeschlechtlichen Partner mit Demenz zu haben, den gleichen Kummer und Verlust auslöst, wie bei heterosexuellen Paaren».

Price (2009) schreibt: «Angesichts der Komplexität der Sexualität und der Rolle, die die Lebensgeschichte und menschliche Beziehungen dabei spielen, sind Vorschriften für die Pflege schwierig. Es gibt keine richtigen Wege, nur bessere, die es zu verstehen und zu respektieren gilt. Der erste Schritt auf diesem Weg beginnt mit der Bereitschaft, die eigenen Erfahrungen und Einstellungen zum Thema Sexualität noch einmal zu überprüfen.»

Angesichts dieser Fakten und der lebensprägenden religiösen oder kulturellen Einflüsse sollten professionelle Betreuer aufgeschlossen und unvoreingenommen sein, damit sie ihre eigenen Überzeugungen und Werte nicht in ihre pflegerische Arbeit einfließen lassen. (Hajjar et al., 2004; Brock et al., 2007). Sie sollten darauf achten, dass sie aus vorschnell und ohne genaues Assessment abgeleiteten persönlichen Einschätzungen oder Vermutungen keine Probleme konstruieren, wie in den beiden folgenden Fallstudien geschehen.

Kasten 9-1:

Fallstudie: Mrs Peterson

Vaskuläre Demenz.

Mrs Peterson, 80 Jahre alt, war kürzlich von einem Akutkrankenhaus in eine Einrichtung für Menschen mit intensivem Pflegebedarf überwiesen worden.

Das Problem

Masturbation mit einer Banane.

Mrs Peterson hatte eine lange Vorgeschichte über transitorische ischämische Attacken (TIAs), die ihr Gehirn geschädigt und zu der Diagnose vaskuläre Demenz geführt hatten. Vor kurzem hatte sie einen schweren Schlaganfall, der ihre linke Körperseite lähmte. Danach berichteten die Mitarbeiter, sie hätten wiederholt beobachtet, dass Mrs Peterson vor aller Augen mit einer Banane masturbiert, was sie sehr gegen Mrs Peterson einnahm, die von ihnen als «schmutzige alte Frau» bezeichnet wurde. Es wurde eine klinische Pflegeberaterin eingeschaltet, die das Problem lösen sollte.

Beim Assessment fiel der Pflegeberaterin ein strenger Geruch auf, der aus der Vagina von Mrs Peterson drang. Ursache war eine unentdeckte massive Infektion. Der Geruch hätte schon früher auf das Problem aufmerksam machen können, aber leider hatten die Mitarbeiter Harninkontinenz als Ursache angenommen. Nach dem Assessment wurde den Mitarbeitern im Rahmen der Aufklärung Folgendes mitgeteilt: Wenn sie ihre Arbeit sorgfältiger gemacht und Mrs Petersen genauer untersucht hätten und sich ihren Genitalbereich bei der Intimpflege, beim Duschen, Toilettengang und Ankleiden genauer angeschaut hätten, dann wäre ihnen aufgefallen, dass sie die Banane keinesfalls zum Masturbieren benutzte, sondern um den durch die massive Pilzinfektion verursachten Juckreiz zu lindern. Aufgrund der Dysarthrie nach dem Schlaganfall konnte Mrs Peterson das Pflegepersonal nicht auf ihre missliche Lage und ihre Schmerzen aufmerksam machen.

Das Ergebnis des Abstrichs bestätigte die massive Infektion. Ihr Arzt wurde informiert und Mrs Peterson behandelt. Die Behandlung kurierte nicht nur Mrs Petersons Infektion, sondern auch ihre Harninkontinenz und die «Masturbation».

Die Fallstudie von Mrs Peterson ist ein gutes Beispiel dafür, wie negative Einstellungen verändert und gute Ergebnisse erzielt werden können. Die sofortige Aufklärung und der Hinweis auf das alte Sprichwort «Die Dinge sind nicht immer so, wie sie sich darstellen» macht den Mitarbeitern klar, dass sie Mrs Petersons «Jucken» fälschlicherweise als anstößiges Verhalten eingeschätzt hatten, was nicht der Realität entsprach. Wahrnehmungen ohne genaues Assessment werden oft falsch gedeutet und führen zu Mutmaßungen, unter denen Menschen manchmal ihr Leben lang zu leiden haben.

Die veränderte Einstellung gegenüber Mrs Peterson resultierte in einem proaktiven Ansatz, der darauf abzielte, ihr ihre Würde zurückzugeben und ihren körperlichen und emotionalen Zustand zu verbessern. Als Erstes wurde zur Infektionsprophylaxe mehr Zeit auf die Hygiene im Genitalbereich verwendet. Dann wurde mit Mrs Petersons Einverständnis ein Heilmasseur engagiert, um ihre Verspannungen zu lindern; er behandelte besonders die Lähmung in den Gliedmaßen, in der Schulter und den Händen. Für die Nacht bekam sie ein langes schmales Kissen, das ihre linke Körperseite abstützte und zum Kuscheln einlud. Sie wurde in die sozialen Aktivitäten der Einrichtung eingebunden und ging einmal in der Woche zum Friseur, was ihr Körperbild verbesserte und ihre Selbstachtung stärkte. Die Wiederherstellung ihrer Identität als lebhafte und lebensfrohe Dame, die nicht mehr als «schmutzige alte Frau» bezeichnet wurde, wirkte sich sehr positiv auf ihr Wohlbefinden und ihre Lebensqualität aus.

Kasten 9-2:

Fallstudie: Mr Rawson

Alzheimer-Krankheit und vaskuläre Demenz.
Bei Mr Rawson, 75 Jahre alt, war kurz zuvor die Diagnose gestellt worden. Er befand sich auf der Übergangsstation eines Krankenhauses und sollte auf eine Station für Menschen mit Demenz verlegt werden.

Das Problem
Häufige Halluzinationen, die zu Schlafstörungen führten.

Die Mitarbeiter der Nachtschicht berichteten, Mr Rawson stehe mehrmals in der Nacht auf und beschwor sie immer wieder, er müsse «Plätze für seine nackten Damen finden». Er wurde aggressiv, als die Mitarbeiter versuchten, ihn wieder ins Bett zu bringen. Er bezeichnete seine nackten Damen ständig als «schöne Geschöpfe», die «im Scheinwerferlicht stehen müssten, um ihre Schönheit zur Geltung zu bringen». Das Verhalten von Mr Rawson wurde auf visuelle Halluzinationen zurückgeführt, die, wie die Mitarbeiter wussten, bei Lewy Körper-Demenz häufiger auftreten, und dies obwohl bei Mr Rawson schon zwei Formen der Demenz diagnostiziert worden waren. Leider zogen die Mitarbeiter voreilig den Schluss, Mr Rawson sei wahrscheinlich ein ehemaliger Bordellbesitzer. Sie bezeichneten ihn als «lüsternen alten Mann und sagten, «seine arme Frau tue ihnen leid!»

Eine klinische Pflegeberaterin wurde eingeschaltet. Diese begrüßte die Gelegenheit, die Einstellung der Mitarbeiter zu verändern und klärte sie über die Vorzüge und Anwendung des in Kap. 7 beschriebenen Problemlösungsweges auf. Veränderungen sind möglich, wenn die Mitarbeiter lernen, nicht negativ auf ungewöhnliches oder störendes Verhalten zu reagieren, sondern sich bemühen, die Ursachen zu ermitteln mit Fragen wie «Sagen Sie mir, was Sie sehen» und «Wer sind diese schönen Damen?». Fragen mit «warum» zu beginnen ist nicht sinnvoll, weil Menschen mit Demenz den Grund nicht kennen, möglicherweise unruhig werden und sich eine Antwort ausdenken. Fragen sollten immer mit «wer», «was», «wo» und «wie» eingeleitet werden. «Die ‹warums› dieser Welt sind nicht mehr wichtig», schreibt Feil (1993).

Die Einstellung der Mitarbeiter veränderte sich grundlegend, als sie in die Befragung von Mrs Rawson über die Geschichte ihres Mannes einbezogen wurden. Mrs Rawson erzählte, ihr Mann sei vor seiner Pensionierung Direktor der regionalen Kunstgalerie gewesen und habe hohes Ansehen genossen. Sie sagte: «Bevor die Demenz die geistigen Fähigkeiten meines Mannes zerstörte, war er ein geschätzter Kunstkritiker und schrieb für angesehene Zeitungen.» Auch dieser Fall beweist, dass «die Dinge nicht so sind, wie sich darstellen». Was als Halluzinationen wahrgenommen wurde, war in Wirklichkeit auf Mr Rawsons Desorientiertheit zurückzuführen. In seiner Vorstellung war er wieder in seiner vertrauten, geliebten, aber verantwortungsvollen Rolle und hatte Gemälde von großen Künstlern auszustellen und seine nackten Statuen in ein günstiges Licht zu rücken.

Mr Rawsons Verhalten sowie die Einstellung der Mitarbeiter veränderte sich grundlegend, als Mrs Rawson gebeten wurde, die Sammlung klassischer Kunstbücher mitzubringen, die ihr Mann besaß. Die Mitarbeiter berichteten, Mr Rawson habe zufrieden dagesessen, in seinen Kunstbüchern geblättert und vor seinem geistigen Augen die Eleganz seiner künstlerischen Welt auferstehen lassen. Die Mitarbeiter der Nachtschicht berichteten auch, er schlafe jetzt gut und wandere nachts nicht mehr umher.

Die beiden Fallstudien machen deutlich, wie wichtig es ist, die Mitarbeiter aufzuklären und zu beraten und ihnen die Fähigkeiten und Kenntnisse zu vermitteln, die sie in ähnlichen Situationen brauchen. Pointon (2008) schreibt: «Mehr Kenntnisse und Aufklärung über die Faktoren, die das Verhalten und die Emotionen beeinflussen, verändern die Einstellung und fördern die Sensibilität, Aufmerksamkeit und Empathie.» Was Mrs Peterson und Mr Rawson betrifft, hat die Aufklärung die Interaktionen zwischen den Mitarbeitern und Bewohnern deutlich verbessert und die Implementation der personenzentrierten Pflegepläne erleichtert.

Eine andere gute Möglichkeit, Veränderungen in die Wege zu leiten, ist ein offenes Forum, in dem die Mitarbeiter ihre Einstellungen und Probleme im Zusammenhang mit Sexualität am Arbeitsplatz offen ansprechen können (Hajjar et al., 2004). Offene Diskussionen fördern in den meisten Fällen viele Themen zutage, die den Mitarbeitern auf den Nägeln brennen und in der Gruppe besprochen werden können. Ward et al. (2005) verweisen «auf die Notwendigkeit, Sexualität in der Pflege nicht länger als Problem wahrzunehmen und Strategien zu entwickeln, die diesen Teil des Lebens der Menschen mit Demenz, die in Pflegeheimen leben, unterstützen und verbessern».

Bei allen Dienstleistungsangeboten – ob im Akutbereich, auf Gemeindeebene oder in Pflegeeinrichtungen –, die mit der Pflege von Menschen zu tun haben, muss die Einführung von Veränderungen von der obersten Managementebene ausgehen. Diese Unterstützung ist nötig, damit Richtlinien etabliert werden, die sicherstellen, dass die Lebensgeschichte und die sexuellen Gewohnheiten der Klienten «bei der Aufnahme routinemäßig in das Assessment integriert werden» (Kamel et al., 2004). «Fragen, die die Sexualität betreffen, sollten nicht mit einer Entschuldigung beginnen, denn dies würde suggerieren, dass sie unangemessen oder peinlich sind. Sie sollten direkt, aber rücksichtsvoll gestellt werden.»

Die Dokumentation persönlicher Informationen in der Krankenakte könnte der Entwicklung negativer Einstellungen vorbeugen, weil die Mitarbeiter sich dann auf die sexuellen Bedürfnisse der Menschen mit Demenz einstellen und ihre Pflege entsprechend planen können. In den Unterlagen sollte vermerkt sein, welche Aspekte der Sexualität dem Menschen mit Demenz wichtig sind, z. B.:

- Sinnlichkeit: z. B. Kleidung, Aussehen und Duft
- Identität: wichtige Erfahrungen und Interessen, die zeigen, dass die betreffende Person immer noch ein sexuelles Wesen ist
- Bedürfnis nach Intimität: die Menge, die nötig ist, damit die betreffende Person weiterhin an sozialen Kontakten, Interaktionen, Freundschaften interessiert ist und die Nähe zu anderen sucht.

Es ist wichtig, im Rahmen des Aufnahmeprozesses nach der sexuellen Orientierung zu fragen (s. Kap. 2). So wird zum einen festgestellt, wer weitere wichtige Informationen liefern oder an Entscheidungen beteiligt werden kann, und zum anderen wird verhindert, dass der/die langjährige Partner/Partnerin ausgegrenzt und einer belastenden und frustrierenden Situation ausgesetzt wird.

Mit Unterstützung des Managements können in Pflegeeinrichtungen durch einen proaktiven Ansatz, der sicherstellt, dass die älteren Menschen auf ihre gewohnte «Intimität» nicht verzichten müssen, Veränderungen herbeigeführt werden. Durch die Trennung von Ehepartner/Partner verursachte Traumen lassen sich verhindern, wenn dem Ehepartner/Partner angeboten wird, in einem separaten Raum der Pflegeeinrichtung zu übernachten. Die Betten können zusammengeschoben und ein Schild mit der Aufschrift «Bitte nicht stören» an die Tür gehängt werden. Das Australian National Ageing Research Institut (Australisches nationales Institut für Altersforschung) schreibt: «Die Erhaltung der Ich-Identität ist eines der wichtigsten Bedürfnisse älterer Menschen, besonders derer, die in einer Einrichtung leben.» Nach Greengross et al. (1989) «bietet die Schaffung einer ‹anheimelnden› Umgebung, die zu Intimität einlädt, Paaren «die Möglichkeit, nebeneinander zu liegen, sich zu streicheln, zu berühren, zu liebkosen und sich in den Armen zu halten». Dieser Grad der Intimität hat seine eigenen Reize und Vorzüge und ist einigen Paaren wichtiger, als die Erregung der Geschlechtsteile beim Geschlechtsakt (Greengross, 1989).

Der proaktive Ansatz erfordert Einfühlungsvermögen und muss der Tatsache Rechnung tragen, dass manche Paare immer noch auf das Lustgefühl der körperlichen Intimität Wert legen. Greengross et al. (1989) schreiben: «Zwei Menschen beim Geschlechtsakt sind nicht nur körperlich nackt, sondern auch emotional.» Der Geschlechtsverkehr hat noch weitere Vorteile: bei Männern kann er der Impotenz vorbeugen und bei Frauen die Gleitfähigkeit der Vagina erhalten. Doch der Grad der Intimität ist nicht entscheidend, denn Intimität ist in jedem Fall mit tröstlicher Nähe verbunden und bietet die Gelegenheit, Liebe und emotionale Verbundenheit zum Ausdruck zu bringen.

Viele professionelle Betreuer begrüßen den proaktiven Ansatz, andere stehen ihm kritisch gegenüber. Ein Grund könnte die Befürchtung sein, dass einer oder beide Partner aus dem Bett fallen. Doch wenn moderne Betten benutzt werden, die in der Höhe verstellbar sind und notfalls sogar bis auf den Boden abgesenkt werden können, ist dieses Argument hinfällig.

In diesem Kapitel wurde gezeigt, dass die mit Veränderungen einhergehenden Herausforderungen und Schwierigkeiten durch Aufklärung bewältigt werden können. Aufklärung ist der Schlüssel zum Verständnis und zur Bildung einer konkreten Wissensgrundlage und sie schärft das Bewusstsein dafür, dass an Demenz erkrankte Menschen, lebendige sexuelle Wesen sind.

Wie die beiden Fallstudien gezeigt haben, unterstützt ein proaktiver Ansatz Veränderungen und verbessert die Pflegepraxis in Pflegeeinrichtungen. Das Management ist zuständig dafür, dass Fragen nach der Lebensgeschichte und den sexuellen Gewohnheiten ein fester Bestandteil der Aufnahmeprozedur werden (Kamel et al. 2004). Dies verhindert zum einen, dass Menschen mit Demenz ihre sexuellen Bedürfnisse auf unangemessene Art und Weise äußern und zum anderen haben die Mitarbeiter die Chance, die Bedürfnisse dieser Menschen zu berücksichtigen und ihre Pflege von vornherein so zu planen, dass ihr Wohlbefinden und ihre Lebensqualität verbessert wird.

Zusammenfassung

Demenz und Sexualität: eine Rose, die nie verwelkt

Dieses Kapitel beschäftigt sich mit den Ursachen von gesellschaftlichen Vorurteilen, die das Thema Sexualität und Menschen mit Demenz betreffen. Es korrigiert irrige Auffassungen und falsche Vorstellungen, die entstehen, wenn professionelle Betreuer mit Situationen konfrontiert werden, die als unangemessenes sexuelles Verhalten wahrgenommen werden.

> «Menschen von einem Planeten ohne Blumen würden denken, wir wären ständig außer uns vor Freude darüber, von solchen Dingen umgeben zu sein.»
>
> *Dame Iris Murduch CBE*

Das Bild der Rosenknospe mit ihren wunderschönen Blütenblättern und übrigen Teilen steht für «Sexualität». Es soll den Lesern vermitteln, dass Sexualität mehr ist als der physische Akt. Die Rosenknospe orchestriert ihre Blütenblätter so, dass all ihre komplexen Inhalte zur Entfaltung kommen: Sinnlichkeit, Identität, Bedürfnis nach Intimität, Erfahrungen, die im Laufe des Lebens gemacht werden und Reproduktion. Dies ist vergleichbar mit der Arbeit eines Dirigenten, der das Beste aus den einzelnen Fraktionen des Orchesters herausholt, um zu zeigen, dass jedes Musikinstrument anders ist, aber eine wichtige Rolle spielt, genauso wie die Blütenblätter der Rose, deren Zusammenspiel ein harmonisches Ganzes bildet. Wird nur eine Note falsch gespielt, ist die Harmonie zerstört. Deshalb verkörpert sexuelle Ausbeutung in dem Bild der Rose die dunkle, dornige Seite.

Wie die Fallstudien in diesem Buch gezeigt haben, ist Sexualität ein Bedürfnis, das auch bei älteren Menschen nie vergeht, besonders nicht bei denen, die Demenz haben. Menschen sind auf die eine oder andere Art sexuelle Wesen und bleiben dies bis zu dem Tag, an dem sie sterben (Hajjar et al., 2004). Es gibt zwar Unterschiede, was Häufigkeit, Intensität und Ausdruck betrifft, doch der Wunsch nach einer liebevollen, engen, wohltuenden intimen Beziehung bleibt bestehen.

Leider kann Demenz bei einigen Menschen dazu führen, dass sie ihre Sexualität auf unangemessene Art und Weise zum Ausdruck bringen. Angesichts der mangelnden Kenntnisse und Fähigkeiten der professionellen Betreuer hat dieses Verhalten in den meisten Fällen zur Folge, dass sie negative Einstellungen entwickeln, die wiederum dazu führen, dass das Verhalten als Problem wahrgenommen wird. Hinzu kommt noch, dass die negative Einstellung der Mitarbeiter durch ihre Lebensgeschichte oder frühere Erfahrungen mit sexueller Ausbeutung noch verstärkt werden kann.

Aufklärung ist das Mittel der Wahl. Es verändert die Einstellungen der Mitarbeiter und vermittelt ihnen die Kenntnisse und Fähigkeiten, die sie brauchen, um den Menschen mit Demenz zu helfen, ihre Sexualität auf eine Art und Weise auszudrücken, die angemessen ist und ihren Bedürfnissen gerecht wird. Aufklärung hilft auch, ethische Dilemmas zu vermeiden und die Hintergründe zu verstehen, die zu einem Dilemma führen.

Professionelle Betreuer sollten unbedingt mit den Schritten des Problemlösungsweges vertraut gemacht werden, damit sie die Gründe für das Verhalten der Menschen mit Demenz und die damit einhergehenden Probleme aufdecken können. Dieser proaktive Problemlösungsansatz bietet die Chance, andere Wege zu gehen und eine als Problem wahrgenommene Situation in ein erwünschtes Ergebnis zu verwandeln (Rusbult, 2001). Dabei werden lebensverbessernde Strategien, die dem Bedürfnis nach Sinnlichkeit, Intimität und Identität entsprechen, im Rahmen eines personenzentrierten Ansatzes implementiert, um die Betroffenen mit ihren früheren Erfahrungen, vergnüglichen Aktivitäten und sexuellen Vorlieben in Kontakt zu bringen. Auf diese Art und Weise gelingt es, die Würde, das Wohlbefinden und die Lebensqualität der Menschen mit Demenz wieder herzustellen und zu erhalten.

Die Mitglieder des Pflegeteams müssen wissen, dass Sexualität ein tief in der menschlichen Natur verankertes Bedürfnis ist, das von der Geburt bis zum Tod bestehen bleibt. Sexualität – die in der einen oder anderen Form immer wieder mit einer Rose verglichen wurde – verwelkt im Gegensatz zu einer echten Rose nie, egal wie alt, wie behindert und in welchem Stadium der Demenz ein Mensch ist!

Als Autorin hoffe ich, dass die Leser ihr Wissen so erweitert haben, dass sie den Menschen, die auch im Alter sexuell aktiv sein möchten, mit mehr Verständnis, Feingefühl und Respekt begegnen, auch denen, die Demenz haben. Ich möchte dieses Buch mit einem weiteren Zitat der bekannten Booker Prize-Gewinnerin und Philosophin, Dame Iris Murdoch, beenden, die in höherem Lebensalter selbst mit Demenz lebte:

«Lieben lernen wir nur, indem wir lieben.»

Anhang

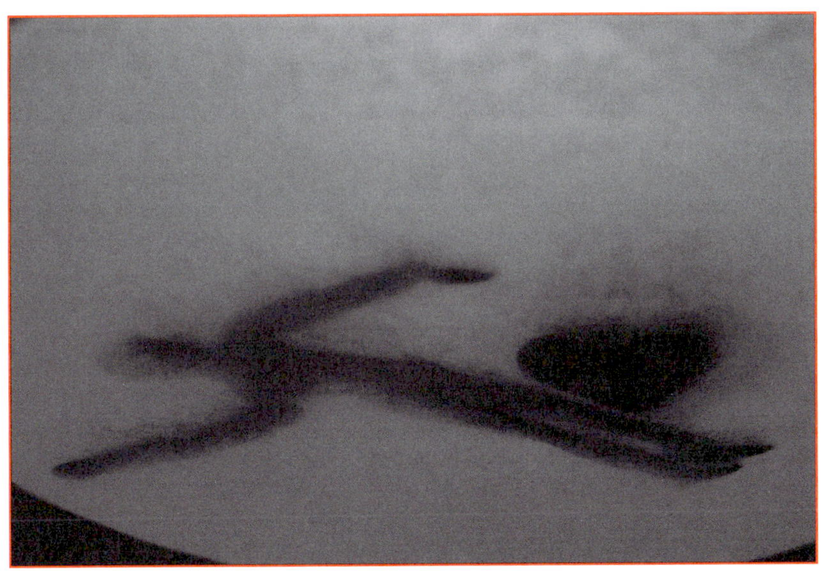

Literaturhinweise (englisch)

Alzheimer's Australia. What is Dementia? Fact Sheet, published by Alzheimer's Australia, 2005

Alzheimer's Australia, Victoria, Dementia – sexuality and intimacy – Fact Sheet, 2008, www.betterhealth.vic.gov.au

Annon, J., The PLISSIT model: a proposed conceptual scheme for the behavioural treatment of sexual problems, 1976, Journal of Sex Education Therapy, 2,1–15

Archibald, C, Residential sexual expression and the key worker relationship: An unspoken stress in residential care park? 2001, Practice, 13 (1), P. 5–12. . Cited in Ward, et al., a kiss is still a kiss – The construction of sexuality in dementia care. 2005, Dementia SAGE Publications 4(1) 49–72

Archibald, C., Sexuality and dementia in residential care – whose responsibility? 2002, Sexual and Relationship Therapy, 17(3), P. 301–309. Cited in Ward, et al. A kiss is still a kiss –The construction of sexuality in dementia care. 2005, Dementia SAGE Publications 4(1) 49–72

Archibald, C., Sexuality & Dementia. A guide for all staff working with people with dementia, 2005, The Dementia Services Development Centre, Stirling

Archibald, C., Sexuality and dementia: the role dementia plays when sexual expression becomes a component of residential care work 2003 Alzheimer's care quarterly. 4(2), April/June. 137–148

Arnell, V., Fact Sheet: How the Brain Works: An Analogy, in The Dementia Educator, Vol1.No.1. August 1997, P. 6–7

Attorney General's Department of NSW, Capacity Toolkit… information for government and community workers, professionals, families and carers in New South Wales. 2009, ecoDesign ecoPrint, Wolli Creek, Sydney, Section 3, Ch. 2, P32.

Bailey, R., Limbic System, About.com.Biology, 1/1/2010, http://biology.about. com/od/anatomy/a/aa042205a.htm

Baines, P., Nurturing the Heart: creativity, art therapy and dementia, 2007, Australian Government Initiative Publication. No. 3 in the Quality Dementia Care Series

Bancroft, J., Introduction, cited in Human Sexuality and its Problems. 2009, Churchill Livingston, Elsevier, Edinburgh, 3rd Ed. Ch. 1, P 1.

Bancroft, J., Sexual Arousal and Response: The Psychosomatic Cycle. Cited in Human Sexuality and its Problems, 2009, Churchill Livingston, Elsevier, Edinburgh, 3rd Ed. Chapter 4, P 55–57

Banks, S., Tips for music at home, 2009, www.alzheimers.org.au Barnes, I, Sexuality and cognitive impairment in long-term care. 2001, Canadian Nursing Home, 12 (3), P. 5–15. Cited in Ward, et al., A kiss is still a kiss –The construction of sexuality in dementia care. 2005, Dementia SAGE Publications 4(1) 49–72

Barrett, C., Harrison J & Kent J., Permission to speak – Determining strategies Dementia and Sexuality 130 demsexbookQ7.qxd: Layout 1 25/10/10 15:49 Page 130 towards the development of gay, lesbian, bisexual, transgender and intersex friendly aged care services in Victoria. 2009, Matrix Guild Victoria Inc. P. 1, 57,72

Benson, K., Nursing home staff sacked tor alleged sexual abuse, 2008, reported in Sydney Morning Herald, John Fairfax Publications Pty. Ltd. Oct. 22 P. 1.

Berger, R.M., The unseen minority: older gays and lesbian, 1982, Social Work, 27(3) 236–42, cited in Mackenzie, J. 2009, Working with lesbian and gay people with dementia, 2009, Journal of Dementia Care, Vol. 17, No. 6, P. 17–19

Birch, H., It is not just about sex! Dementia, Lesbians and Gay Men, 2009, National Library Australia, collection catalogue. nia.gov.au/Record4509096

Blanch, M. and Collier, M., There's more to Sexuality … teaching notes, 1990, Family Planning Association of New South Wales, Ashfield NSW, P. 3–4

Boeree, C.G., The Emotional Nervous System: The Limbic System, 7/1/2010, http://webspace.ship.edu/cgboer/limbicsystem.html

Briggs, J., Management of Constipation in Older Adults, The Joanna Briggs Institute Evidence Based Practice Information Sheet, 1999.Revised Feb. 2004

Bright, R., Music Therapy and the Dementias: Improving the Quality of Life, 1997. 2nd. Ed. St. Louis, MMB

Brock L.J. & Jennings, G., Sexuality and Intimacy, 2007, in: Blackburn, J.A. Dulmus, C.N., (eds.) Handbook of Gerontology: Evidence Approaches to Theory, Practice and Policy, John Wiley & Sons, New Jersey, pp. 244–68. Cited in Nay, R., & Garratt, S., Older People, Issues and Innovations in Care, 2009, Churchill Livingston Elsevier, Sydney 3rd. Ed. Ch.17. P. 295, 303

Brucsia, K., Tips for music at home, 2009, www.alzheimers.org.au

Burns, P., A Carer's Personal Journey over Time, 2010, Time for Dementia Hawker Publications. London, Ch.5. P. 65–66

Bush, E., The Use of Human Touch to Improve the Well-Being of Older Adults, 2001, Journal of Holistic Nursing. Vol.19 No.3 Sept. P. 256–270

Cloud, G.C., Browne, R., Salooja N. et al., Newly diagnosed HIV infection in an octogenarian: the elderly are not 'immune' 2003, Age and Ageing, 32 (3) P. 353–4, cited in Nay, R & Garratt, S. Older people: Issues and Innovations in Care, 2009, Churchill Livingston Elsevier, Sydney 3rd Ed. Ch.17. P. 303,

Coaten, R., Exploring reminiscence through dance and movement, 2001, Journal of Dementia Care Sept/Oct, P. 19–21

Creasey, H., Understanding the Brain and Behavior, Alzheimer's Australia; An Australian Government Initiative: Summer Hill Media, 2004 Department of Constitutional Affairs (2007) Mental Capacity Act 2005 Code of Practice. London Stationary Office, http://www.opsi.gov.uk/acts/ acts2005/related/ukpgacop_20050009_en.pdf

Davis S. & Taylor, B., From PLISSIT to exPLISSIT, 2006. Cited in http://metaot.com/blog/sexuality-and-health care, May 2009.

Douglas, S., James I. & Ballard, C., Non-pharmacological interventions in dementia, 2004, Advances in Psychiatric Treatment, Vol.10.171–179

Doheny, K., 10 Surprising Health Benefits of Sex, 2010, WebMD, Better information, Better health, http://www.webmd.com/sexrelationships/features/10-surprising-health benefits-of-sex, February 6

Ellis, S.R. & Morrison, T.G., Stereotypes of ageing: messages promoted by age specific paper birthday cards available in Canada, 2005 citied in Nay, et al, Sexuality: from stigma, stereotypes and secrecy to coming out, communication and choice, 2007,The International Journal of Older People Nursing, Blackwell Publishing Ltd. 2,76–80

Feil, N., Validation Therapy, 1972, cited in Morton, I, 1999, Person centred approaches to dementia care, Winslow Press, Boston.

Feil, N., The Validation Breakthrough, Simple Techniques for Communication with People with Alzheimer's-Type Dementia, 1993, MacLennan & Petty Pty. Limited, Artarmon.

Feinberg School of Medicine, What is frontotemporal dementia? North Western University in http://www.brain.northwestern.edu/mdad/frontal.html 4/7/2009

Greengross, W. & Greengross S., Living, Loving & Ageing.... Sexual and Person Relationships in Later Life, 1989, Ebenezer Baylis & Son Ltd, Worcester, Ch. 7. P. 81–92

Griffiths, E.R. and Lemberg, S., Sexuality ad the Person with Traumatic Brain Injury – a guide for families, 1993, F.A. Davis, Philadelphia Guardianship Tribunal NSW, Information – 'person responsible' 2009, Fact Sheet Page 1. www.gt.nsw.au

Haddad, P. & Benbow S., Sexual Problems Associated with Dementia: Part 2 Aetiology, assessment and treatment. Internat. J. Geriatric Psych.1993; 8:631–637 Cited in Hashmi, F.H. et al.: Sexually Disinhibited Behavior in Cognitively Impaired Elderly: http://www.clinicalgeriatrics.com/article/ 1022. 4/09/2007

Hajjar, R.R. & Kamel, H.K., Sexuality in Nursing Home, Part 1: Attitudes and Barriers to Sexual Expression, 2004, Journal American Medical Directors Association, P. 543–547

Harris, P.B., Intimacy, Sexuality and Early-Stage Dementia: The Changing Marital Relationship, 2009, Alzheimer's Care Today, 10(2) P. 63–77

Hashmi, F. H' Krady, A.I. Qayum, F. & Grossberg, G.T., Sexually Disinhibited Behavior in Cognitively Impaired Elderly: http://www.clinicalgeriatrics.com/article/1022. 4/09/2007

Hillman, J., Knowledge and Attitudes about HIV/AIDS among community-living elder women, re-examining issues of age and gender. 2007, Journal of Women and Ageing 19: (3/4): 53–67, cited in Nay, R. & Garratt, S., Older people: Issues and Innovations in Care, 2009, Churchill Livingston Elsevier, Sydney 3rd Ed. Ch.17. P. 302/303

Holt, F.E., Birks, T.P.H., Thorgrimsen, L.M., Spector, A.E., Wiles, A. & Orrel, M., Aroma therapy for dementia (Review), 2009, The Cochrane Collaboration, John Wiley & Sons, Ltd.

Huffstetler, B., Sexuality in older adults: a deconstructivist perspective, 2006, Adultspan 5 (1): 4–14 cited in Nay, R & Garratt, S. Older people: Issues and Innovations in Care, 2009, Churchill Livingston Elsevier, Sydney, 3rd Ed. Ch.17. P. 298

Jamieson, T., Nursing home accused of elderly abuse, 1999, Sydney Morning Herald, Jan 30 P. 4. John Fairfax Publications Pty. Ltd.

Jeter, L., Elder abuse prevention association policy statement, 2008, cited in Nursing home staff sacked for alleged sexual abuse, 2008, reported in Sydney Morning Herald,. John Fairfax Publications Pty. Ltd. Oct.22 P.1

Johnson, G.S. Jnr., About Brain Injury: A guide to brain anatomy, function and symptoms, cited in http://www.com/brain function.html, Jul. 2009

Kamel, H.K. & Hajjar, R.R., Sexuality in the Nursing Home, Part 2: Managing Abnormal Behavior – Legal and Ethical Issues, 2004, Journal American Medical Directors Association P. 549–552

Kastenbaum, R., Growing Old: Years of Fulfillment, 1979, Harper & Rowe Publishers, New York, Ch. 2, P. 22

Kitwood, T & Brendin, K., Towards a Theory of Dementia Care: Personhood and Well-being, 1992, Ageing Society, 12: 269–287

Knocker, S., The whole of me: meeting the needs of older lesbians, gay men and bisexuals living in care homes and extra care housing. A Resource pack, 2006, Age Concern, London. Cited in Archibald, C., Gay and lesbian issues: learning on the (research) job 2006, Journal of Dementia Care July/August P. 21–23

Kuhn, D., Intimacy, Sexuality ad Residents with Dementia, 2002, Alzheimer's Care Quarterly 2003 Aspen Publishers Inc. 3 (2): 165–176,

Lemieux, L., Kaiser, S., Pereira, J. & Meadows, L. M., Sexuality in palliative care: patient perspective. 2004. In Bauer, M., 2007,The International Journal of Older People Nursing 2, 63–68, Blackwell Publishing Ltd.

Lezah, M. D., Behavioural Geography of the Brain cited in Neuropsychological Assessment, 1995, Oxford University Press Inc. New York 3rd ed. Chapter 3, P. 73, 81–83

Lishman, W. A., Toxic Disorders in Organic Psychiatry: The Psychological Consequences of Cerebral Disorders, 1 2nd ed. Oxford, Blackwell; 1987: 508–544 Cited in Hashmi, F. H. et al.: Sexually Disinhibited Behavior in Cognitively Impaired Elderly: http://www.clinicalgeriatrics.com/article/1022. 4/09/2007

McAuliffe, L., Bauer, M. & Nay, R., Barriers to the expression of sexuality in the older person: the role of the health professional, 2007, The International Journal of Older People Nursing, Blackwell Publishing Ltd.2, 69–75

McCreadie, C. & Penhale, B., Abuse of Older People, 2006 cited in Redfern, S. J. & Ross F. M. Nursing Older People, 2006, Churchill Livingstone Elsevier, Edinburgh. 4th Ed. Ch. 32, P.691

Mackenzie, J., Working with lesbian and gay people with dementia, 2009, Journal of Dementia Care, Nov./ Dec. Vol. 17 No. 6 P. 17–19

Manthorpe, J., Nearest and Dearest? The neglect of lesbians in caring relationships. 2003 British Journal of Social Work 33, 753–68. Cited in Mackenzie, J., 2009, Working with lesbian and gay people with dementia, 2009, Journal of Dementia Care, Nov./Dec. Vol. 17 No. 6 P. 17–19

Macquarie Concise Dictionary, 3rd. ed., 2006, The Macquarie Library Pty. Ltd. Sydney

Masters, W. & Johnson, V., The Human Sexual Response, 1966, cited in Benuto, L., 10/8/2009 The Sexual Response Cycle: A Historical Perspective on the Classification of Sexual Disorders http://www.mentalhelp.net/poc/view_doc.php?type=doc&id=29694&cn=10

Maugham, W. Somerset, Cited in Greengross et al.; In Living, Loving & Ageing....Sexual and Person Relationships in Later Life,1989, Ebenezer Baylis & Son Ltd, Worcester, Ch. 9. P.113

MedlinePlus Medical Encyclopedia Image, The Limbic System, updated 29/3 2009, http://www.nlm.nih.gov/medlineplus/ency/imagepages/19244.htm

Metherell, M., New checks designed to target aged care abuses, 2006, reported in Sydney Morning Herald, John Fairfax Publications Pty. Ltd. Apr. 11, P.3

Metzger, E. & Gillick, M., Ethics Corner: Cases from the Hebrew Rehabilitation Center for Ages – Sex in the Facility, 2002, JAMDA – Nov.–Dec. P. 390–392

Minichiello V., Ackling, S., Bourne, C. & Plummer, D., Sexuality, sexual intimacy and sexual health in later life 2005, cited in Bauer, M., et al. 2007 The International Journal of Older People Nursing Blackwell Publishing Ltd.2, 63–68

Moss, B. F. & Schwebel, A. I., Defining intimacy in romantic relationships. Family Relationships, 1993; 42(1): 31–37. Cited in Kuhn. D., Intimacy, Sexuality ad Residents with Dementia, Alzheimer's Care Quarterly 2003(2): 165–176, Aspen Publishers Inc.

National Ageing Research Institute, The Wellness Project: Promoting Older People's Sexual Health, National Ageing Research Institute, Melbourne. Online: Available www.mednwh.unimelb.edu.au/research/service_rae.htm, cited in Nay, R., & Garratt, S., Older People, Issues and Innovations in Care, 2009, Churchill Livingston Elsevier, Sydney, 3rd. Ed. Ch.17, P. 297

Nay, R., Sexuality and older people. Cited in Nursing Older People: Issues and Innovation, 2004, Cited in Nay, R. & Garratt S., Churchill Livingston, Elsevier, Marrickville, NSW 2nd ed. Ch. 17 pp. 276–288

Nay, R., McAuliffe, L. & Bauer, M., Sexuality: from stigma, stereotypes and secrecy to coming out, communication and choice, 2007, The International Journal of Older People Nursing Blackwell Publishing Ltd. 2,76–80

Nuffield Council on bioethics (2009) Dementia Ethical Issues London, www.nuffieldbioethics.org

O'Neill, M., Lateline – Abuse in Nursing Homes Scandal, Australian Broadcasting Corporation. 2006, Sydney Feb. 27 p.1. Cited in http://proquest.umi.com /pqdweb?index=4&sid=2& srchmode=2&vubst=PROD&fmt

Ozanne, E., Naughtin, G., Kurrle, S. & Koch, S., Intervention in a situation of elder abuse and neglect, cited in Nay, R., & Garratt, S. Older People, Issues and Innovations in Care, 2009, Churchill Livingston Elsevier, Sydney 3rd. Ed. Ch.18 P. 31

Phair, Lynne, MA BSc(Hons) Nursing, RGN, RMN DPNS IP Clinical Advisor, Safeguarding Vulnerable groups Act team, Department of Health, London.

Pointon, B., Forward, cited in Stokes, G., And Still the Music Plays: Stories of people with dementia, 2009, Hawker Publications, London P.5

Price, E., Pride or Prejudice? Gay men, lesbians and dementia. 2008 British Journal of Social Work 38 (7) 1 337–52

Rheaume, C. & Mitty, E., Sexuality and Intimacy in Older Adults, 2008, Geriatric Nursing, Mosby Inc.Vol.29, No 5, P.342–349

Rusbult, C., Thinking Skills & Problem-Solving Methods in education, 2001, cited July 2009 in http://www.asa3.org/ASA/education/think/methods.htm

Scottish Government (2007) Adults with incapacity (Scotland Act) Code of Practice, http://www.scotland.gov.uk/Publications/2008/03/20114619/0

Sherman, B., Sex, Intimacy and Aged Care, 1998, Melbourne, ACER Press, P. 91, cited in Harris, P. B., Intimacy, Sexuality and Early-Stage Dementia: The Changing Marital Relationship, 2009, Alzheimer's Care Today, 10(2) P. 63–77

Staunton, P. & Chiarella, M., Nursing and the Law 2008, Churchill Livingston, Elsevier, Sydney 6th ed. Ch.4 P. 126–133

Van Kerrebroeck, P., Abrams, P., Chalkin D. et al., The standardisation of terminology in nocturia: Report from the standardisation subcommittee of the International Continence Society, 2002, Neuroural Urodynam 21:179–183

Van Wagner, K., The Anatomy of the Brain: The Thalamus, 7/1/2010 http://psychology.about.com/od/biopsychology/ss/brainstructure_6.htm
Verity, J., Activities and Therapies, 2010, http://www.dementiacareaustralia.com/index.php/activities-andtherapies.html February 14
Verity, J., Doll Therapy, 2010, http://www.dementiacareaustralia.com/index.php/doll-therapy. html Feb14
Wallace, N., Sacking in Nursing Scandal, 2008, reported in Sydney Morning Herald, John Fairfax Publications Pty. Ltd. Oct. 31, P. 2
Ward R., Vass A., Aggarwal N., Garfield C. & Cybyk.B., A kiss is still a kiss –The construction of sexuality in dementia care. 2005, Dementia SAGE Publications 4(1) 49–72
Wesley, Uniting Care, Culture and sexuality/gender identity, 2009, Jun.24. http://www.ucwesleyadelaide.org.au/bfriend/cald_culture_and_sexuality.htm
White, E., Time to Reflect, In Gilliard, J. and Marshall, M., (Ed) 2010, Time for Dementia, Hawker Publications. London, Ch. 5. P 74
World Health Organisation (WHO), Sexual Health document series; Working Definitions, 2006 Ch.3 P5. http://www.int/reproductivehealth/topics/ gender_rights/defining_sexual_health
Williams, K., Capacity – when can a person make their own decisions? 2009, Nursing Review, September, P12–13, www.nursingreview.com.au

Literatur (deutschsprachig)

Sexualität (und Demenz)

Beier, K. M.; Loewitt, K. (2012): Praxisleitfaden Sexualmedizin. Heidelberg: Springer.
Carpenito L. J. (2013): Das Pflegediagnosen-Lehrbuch. Bern: Huber.
Ducharme, S. H.; Gill, K. M. (2006): Sexualität bei Querschnittlähmung. Bern: Huber.
Berberich, H., Brähler, E. (2001): Sexualität und Partnerschaft in der zweiten Lebenshälfte. Gießen: Psychosozial Verlag. (Beiträge zur Sexualforschung).
Böhm, E. (2010): Sexualität in der Demenz. ENPP-Böhm GmbH.
Bowlby Sifton, C. (2008): Das Demenz-Buch. Ein «Wegbegleiter» für Angehörige, Pflegende und Aktivierungstherapeuten. Bern: Huber.
Bosch, E. (2004): Sexualität und Beziehungen bei Menschen mit einer geistigen Behinderung. 2. Auflage. Tübingen: DGVT.
Braun, M. et al. (2004): Männliche Sexualität und Alter. Stuttgart: Thieme
Butler, R. (1996): Alte Liebe rostet nicht. Über den Umgang mit Sexualität im Alter. Bern: Huber.
Carpenito-Moyet L. J. (2013): Das Pflegediagnosen-Lehrbuch. Bern: Huber.
Cyran, W., Halhuber, M. J. (1992): Erotik und Sexualität im Alter. (Urban & Fischer), München: Elsevier.
Daimler, R. (2002): Verschwiegene Lust. Frauen über 60 erzählen von Liebe und Sexualität. 2. Auflage, München: Piper.

Georg, J. (20056): Verändertes Sexualverhalten bei alten Menschen. NOVA 37, 3: 29–31.
Grond. E (2001): Sexualität im Alter – (K)ein Tabu in der Pflege. Hagen: Brigitte Kunz.
Karl, F.; Friedrich, I. (1991): Partnerschaft und Sexualität im Alter. Darmstadt: Steinkopff. Springer.
Kleinevers, S. (2004): Sexualität und Pflege: Bewusstmachung einer verdeckten Realität. Hannover: Schlütersche.
Kolle, O. (1997): Die Liebe altert nicht. Erfüllte Sexualität ein Leben lang. Econ. Berlin: Ullstein.
Lang, H. (2009): Gestörte Sexualität. Würzburg: Königshausen und Neumann.
Offenhausen, H.B. (2006): Behinderung und Sexualität. Remagen: Reha-Verlag.
Ortland, B. (2008): Behinderung und Sexualität. Stuttgart: Kohlhammer.
Riedel, S. (2011): Erfüllende Sexualität mit körperlicher Behinderung. Marburg: Tectum.
Rijsingen van H. (2004): Sex und Fünfzig – Über Sehnsucht und Liebe in der zweiten Lebenshälfte. München: Moderne Verlagsgesellschaft.
Sauter, D.; Abderhalden C.; Needham I.; Wolff, S. (2011): Lehrbuch Psychiatrische Pflege. Bern: Huber.
Stemmer, R. (2001): Grenzkonflikte in der Pflege. Patientenorientierung zwischen Umsetzungs- und Legitimationsschwierigkeiten. Frankfurt a. M.: Mabuse.
Sigusch, V. (2006): Sexuelle Störungen und ihre Behandlung. Stuttgart: Thieme.
Sydow von, K. (1994): Die Lust auf Liebe bei älteren Menschen. 2. Auflage. München: Ernst Reinhardt.
Taylor, R. (2011): Alzheimer und ich. «Leben mit Dr. Alzheimer im Kopf». 3. Auflage. Bern: Huber.
Taylor, R. (2013): Hallo Mr. Alzheimer. Bern: Huber.
Zilbergeld, B. (2000): Die neue Sexualität der Männer. Tübingen: dgvt.
Zilbergeld, B. (2000): Männliche Sexualität. Tübingen: dgvt.

Internetlinks

(Stand März 2013)

www.alzheimer-bw.de
www.alzheimer-organisation.de/HA.../Gatterer_060916.pdf
www.alzheimerforum.de/2/3/4/234inh.html
www.psychosoziale gesundheit.net/pdf/Int.1Sexuelle_Verhaltensstoerungen_bei_Demenz.pdf

Deutschsprachige Literatur, Adressen und Links zum Thema «Demenz»

Literatur (deutsch)

Auf Grundlage der Empfehlungen der Deutschen Alzheimer Gesellschaft e. V., ergänzt von Jürgen Georg, Elke Steudter, Gaby Burgermeister, Swantje Kubillus und Gerlinde Strunk-Richter. April 2013

Informationen über das Krankheitsbild und den Umgang mit Demenzkranken

Alzheimer Europe (Hrsg.) (2005): Handbuch der Betreuung und Pflege von Alzheimer-Patienten. 2., aktualisierte und erweiterte Auflage. Stuttgart: Thieme.

Bell V., Troxel D. (2007): Richtig helfen bei Demenz, Ein Ratgeber für Angehörige und Pflegende. 2. Aufl. München: Reinhardt Verlag.

Bowlby Sifton C. (2011): Das Demenz-Buch. Ein «Wegbegleiter» für Angehörige und Pflegende. 2. überarb. Aufl. Bern: Verlag Hans Huber.

Beyreuther K., Einhäupl K.M., Förstl H., Kurz A. (2002): Demenzen. Grundlagen und Klinik. Stuttgart: Thieme.

Böhme G. (2008): Förderung der kommunikativen Fähigkeiten bei Demenz. Bern: Verlag Hans Huber.

Bredenkamp R., Albota M., Beyreuther K., Bruder J., Kurz A., Langehennig M., Prümel-Philippsen U., Tillmann C., von der Damerau-Dambrowski V., Weller M., Weyerer S. (2008): Die Krankheit frühzeitig auffangen. Bern: Verlag Hans Huber. *aus der Reihe: Gemeinsam für ein besseres Leben mit Demenz.*

Bruhns A., Lakotta B., Pieper D. (Hrgs.) (2010): Demenz: Was wir darüber wissen, wie wir damit leben. München: Deutsche Verlags-Anstalt.

Bundesministerium für Gesundheit: Wenn das Gedächtnis nachlässt. Ratgeber für die häusliche Betreuung demenzkranker älterer Menschen.
Zu bestellen beim BMG, per: E-Mail: publikationen@bundesregierung.de
Telefon: 01805/77 80 90 (kostenpflichtig. 14 Ct/Min. aus dem dt. Festnetz, abweichende Preise aus den Mobilfunknetzen möglich)
Fax: 01805/77 80 94 (kostenpflichtig. 14 Ct/Min. aus dem dt. Festnetz, abweichende Preise aus den Mobilfunknetzen möglich)
Schriftlich: Publikationsversand der Bundesregierung
Postfach 48 10 09
18132 Rostock
oder als PDF zum Herunterladen auf http://www.bmg.bund.de.

Bundesministerium für Gesundheit (Hrsg.) (2007): Rahmenempfehlungen zum Umgang mit herausforderndem Verhalten bei Menschen mit Demenz. Berlin: Bundesministerium für Gesundheit.

Buijssen H. (2003): Demenz und Alzheimer verstehen – mit Betroffenen leben. Weinheim: Beltz.

Chapman A., Jackson G.A., McDonald C. (2004): Wenn Verhalten uns herausfordert. Stuttgart: Demenz Support.

de Klerk-Rubin V. (2009): Mit dementen Menschen richtig umgehen, Validation für Angehörige. 2. Aufl. München: Rheinhardt.

Fischer-Börold C., Zettl S. (2006): Demenz. NDR Visite – Die Gesundheitsbibliothek. Hannover: Schlütersche.

Förstl H. (Hrsg.) (2002): Lehrbuch der Gerontopsychiatrie und -psychotherapie. Stuttgart: Thieme.

Förstl H., Kleinschmidt C. (2009): Das Anti-Alzheimer-Buch. Ängste, Fakten, Präventionsmöglichkeiten. München: Kösel-Verlag.

Forstmeier S., Maercker A. (2008): Probleme des Alterns. Göttingen: Hogrefe.

Furtmayr-Schuh A. (2000): Die Alzheimer Krankheit – das große Vergessen. Stuttgart: Kreuz.

Gutzmann H., Zank S. (2004): Demenzielle Erkrankungen, medizinische und psychosoziale Interventionen. Stuttgart: Kohlhammer Urban.

Hallauer J.F.; Kurz A. (Hrsg.) (2002): Weißbuch Demenz. Stuttgart: Thieme.

Hauser U. (2009): Wenn die Vergesslichkeit noch nicht vergessen ist – zur Situation Demenzkranker im frühen Stadium. 2. Aufl. Köln: KDA.

Höhn M. (2004): Häusliche Pflege: … und sich selbst nicht vergessen. Was pflegende Angehörige wissen sollten. Köln: PapyRossa.

Kastner U., Löbach R. (2007): Handbuch Demenz. München: Elsevier.

Klessmann E. (2012): Wenn Eltern Kinder werden und doch die Eltern bleiben. 7. Aufl. Bern: Verlag Hans Huber.

Kompetenznetzwerk Demenzen e.V. (Hrsg.) (2009): Alzheimer und Demenzen verstehen. Der Ratgeber des Kompetenznetzes Demenzen. Diagnose, Behandlung, Alltag, Betreuung. Stuttgart: MVS Medizinverlage.

Krämer G. (2000): Alzheimer Krankheit. Antworten auf die häufigsten Fragen. Stuttgart: Trias.

Landesinitiative Demenz-Service NRW (Hrsg.) (2005): «Wie geht es Ihnen?» – Konzepte und Materialien zur Einschätzung des Wohlbefindens von Menschen mit Demenz. Köln: KDA.

Leuthe F. (2009): Richtig sprechen mit dementen Menschen. München: Reinhardt.

Mace N.L., Rabins P.V. (2012): Der 36-Stunden-Tag. Die Pflege des verwirrten älteren Menschen, speziell des Alzheimer-Kranken. 6. Aufl. Bern: Verlag Hans Huber.

Martin M., Schelling H.R. (Hrsg.) (2005): Demenz in Schlüsselbegriffen. Bern: Verlag Hans Huber.

Moniz-Cook E., Manthorpe J. (2010): Frühe Diagnose Demenz. Bern: Verlag Hans Huber.

Niemann-Mirmehdi M., Mahlberg R. (2003): Alzheimer – was tun, wenn die Krankheit beginnt? Stuttgart: Trias.

Perrar K.M., Sirsch E., Kutschke A. (2011): Gerontopsychiatrie für Pflegeberufe. 2. aktualisierte und erweiterte Auflage. Stuttgart: Thieme.

Piechotta G. (2008): Das Vergessen erleben. Lebensgeschichten von Menschen mit einer demenziellen Erkrankung. 1. Aufl. Frankfurt: Mabuse-Verlag.

Powell J. (2003): Hilfen zur Kommunikation bei Demenz. Köln: Kuratorium Deutsche Altershilfe. Tel. 0221 931 847 0, http://www.kda.de.

Powell J. (2002): Hilfen zur Kommunikation bei Demenz. 4. Aufl. Köln: KDA. [vergriffen]

Richter B., Richter R.W. (2004): Alzheimer in der Praxis. Bern: Verlag Hans Huber. *Ärztlicher Ratgeber.*

Riesner Ch. (2010): Menschen mit Demenz und ihre Familien. Das person-zentrierte Bedarfsassessment CarnapD: Hintergründe, Erfahrungen, Anwendungen. Hannover: Schlütersche. [Pflegebibliothek: Wittener Schriften]

Rösner M. (2007): Humor trotz(t) Demenz – Humor in der Altenpflege. Köln: KDA.

Schäfer U. (2004): Demenz – Gemeinsam den Alltag bewältigen, Ein Ratgeber für Angehörige und Pflegende. 1. Aufl. Göttingen: Hogrefe.

Schwarz G. (2009): Basiswissen: Umgang mit demenzkranken Menschen. 1. Aufl. Bonn: Psychiatrie-Verlag

Stechl E., Steinhagen-Thiessen E., Knüvener C. (2008): Demenz – mit dem Vergessen leben. Ein Ratgeber für Betroffene. 1. Aufl. Frankfurt: Mabuse-Verlag.

Steffen N. (2008): Lernstationen: Demenzielle Erkrankungen. Lernzirkel in der Pflegeausbildung. München: Elsevier.

Stiftung Warentest; Verbraucherzentrale Nordrhein-Westfalen (Hrsg.) (2009): Demenz – Hilfe für Angehörige und Betroffene. 2. Aufl. Berlin: Stiftung Warentest.

Tackenberg P., Abt-Zegelin A. (Hrsg.) (2004): Demenz und Pflege: Eine interdisziplinäre Betrachtung. Frankfurt a.M.: Mabuse Verlag.

Tönnies I. (2007): Abschied zu Lebzeiten. Wie Angehörige mit Demenzkranken leben. Bonn: Balance Buch- und Medien-Verlag.

Wächtler C. (Hrsg.) (2003): Demenzen – Frühzeitig erkennen, aktiv behandeln, Betroffene und Angehörige effektiv unterstützen. 2. Aufl. Stuttgart: Thieme.

Weidenfelder M. (2004): Mit dem Vergessen leben: Demenz, Verwirrte alte Menschen verstehen und einfühlsam begleiten. Stuttgart: Kreuz.

Whitehouse P.J., George D. (2009): Mythos Alzheimer. Bern: Verlag Hans Huber.

Wojnar J. (2007): Die Welt der Demenzkranken. Leben im Augenblick. 1. Aufl. Hannover: Vincentz-Verlag.

Pflege, Pflegekonzepte

Archibald C. (2007): Menschen im Krankenhaus. Ein Lern- und Arbeitsbuch für Pflegekräfte. Köln: Kuratorium Deutsche Altershilfe.

Barrick A.L. et al. (2011): Körperpflege ohne Kampf Personenorientierte Pflege von Menschen mit Demenz. Bern: Verlag Hans Huber.

Böhm E. (2009): Verwirrt nicht die Verwirrten. Neue Ansätze geriatrischer Krankenpflege. 14. Aufl. Bonn: Psychiatrie Verlag.

Bölicke C., Mösle R., Romero B., Sauerbrey G., Schlichting R., Weritz-Hanf P., Zieschang Tania T. (2007): Ressourcen erhalten. Bern: Verlag Hans Huber. *aus der Reihe: Gemeinsam für ein besseres Leben mit Demenz.*

Bonner, C. (2013): Stressmindende Pflege bei Menschen mit Demenz. Bern: Huber.

Breuer P. (2009): Visuelle Kommunikation für Menschen mit Demenz. Bern: Verlag Hans Huber.

Brooker D. (2008): Person-zentriert pflegen – Das VIPS-Modell zur Pflege und Betreuung von Menschen mit Demenz. Bern: Verlag Hans Huber.

Buchholz T., Schürenberg A. (2013): Basale Stimulation in der Pflege alter Menschen. 4., überarb. und erw. Aufl. Bern: Verlag Hans Huber.

Chalfont G. (2010): Naturgestützte Therapie. Tier- und pflanzengestützte Therapie für Menschen mit einer Demenz planen, gestalten und ausführen. Bern: Verlag Hans Huber.

Chapman A., Jackson F. A., McDonald C. (2004): Wenn Verhalten uns herausfordert ...: Ein Leitfaden für Pflegekräfte zum Umgang mit Menschen mit Demenz. Stuttgart: Demenz Support Stuttgart.

Falk J. (2004): Basiswissen Demenz. Lern- und Arbeitsbuch für berufliche Kompetenz und Versorgungsqualität. Weinheim: Juventa.

Feil N. (2007): Validation. 5. Aufl. München: Reinhardt-Verlag.

Fischer T. (2011): Schmerzeinschätzung bei Menschen mit schwerer Demenz. Bern: Verlag Hans Huber.

Gatterer G., Croy A. (2005): Leben mit Demenz. Heidelberg/Berlin: Springer.

Gauer J. (2009): Du hältst deine Hand über mir. Gottesdienste mit Demenzkranken. Düsseldorf: Patmos.

Gogl A. (Hrsg.) (2013): Selbstvernachlässigung bei alten Menschen. Bern: Huber.

Grond E. (2009): Pflege Demenzkranker. 4. Aufl. Hannover: Schlütersche.

Gutensohn S. (2000): Endstation Alzheimer? Ein überzeugendes Konzept zur stationären Betreuung. Frankfurt: Mabuse.

Hammerla M. (2009): Der Alltag mit demenzerkrankten Menschen. Pflege in den verschiedenen Phasen der Erkrankung. München/Jena: Elsevier, Urban und Fischer.

Hegedusch E. und L. (2007): Tiergestützte Therapie bei Demenz. Hannover: Schlütersche.

Held C. (2013): Was ist «gute» Demenzpflege. Demenz als dissoziatives Geschehen – ein Praxishandbuch für Pflegende. Bern: Verlag Hans Huber.

Höwler E. (2008): Herausforderndes Verhalten bei Demenz. Stuttgart: Kohlhammer.

Innes A. (Hrsg.) (2004): Die Dementia Care Mapping Methode (DCM). Bern: Verlag Hans Huber. [vergriffen]

Jenkins D. (2006): Der beste Anzug. Hautpflege bei Menschen mit Demenz. Köln: KDA.

Kasten E., Utecht C., Waselewski M. (2004): Den Alltag demenzerkrankter Menschen neu gestalten. Hannover: Schlütersche.

Kitwood T. (2013): Demenz. Der person-zentrierte Ansatz im Umgang mit verwirrten Menschen. 6. Aufl. Bern: Verlag Hans Huber.

Killick J., Craig C. (2013): Kreativität und Kommunikation bei Menschen mit Demenz. Bern: Huber.

König J., Zemlin C. (2008): 100 Fehler im Umgang mit Menschen mit Demenz und was Sie dagegen tun können. Hannover: Schlütersche.

Kolb C. (2003): Nahrungsverweigerung bei Demenzkranken. PEG-Sonde – ja oder nein? Frankfurt: Mabuse Verlag.

Kostrzewa S. (2010): Palliative Pflege von Menschen mit Demenz. 2. Aufl. Bern: Verlag Hans Huber.

Krasberg U. (2013): «Hab ich vergessen, ich hab nämlich Alzheimer!» – Beobachtungen einer Ethnologin in Demenzwohngruppen. Bern: Huber.

Kuhlmann A. (2005): Case Management für demenzkranke Menschen. Eine Betrachtung der gegenwärtigen praktischen Umsetzung. Münster: LIT-Verlag.

Kuhn D., Verity J. (2012): Die Kunst der Pflege von Menschen mit einer Demenz. Bern: Verlag Hans Huber.

Kuratorium Deutsche Altershilfe (2001): Qualitätshandbuch Leben mit Demenz. Köln: KDA.

Kuratorium Deutsche Altershilfe (2008): DazugeHÖREN. Türen öffnen zu hörgeschädigten Menschen mit Demenz. Köln: KDA.

Marshall M., Allan K. (2011): «Ich muss nach Hause» – Ruhelos umhergehende Menschen mit einer Demenz verstehen. Bern: Verlag Hans Huber.

Morton I. (2002): Die Würde wahren – Personzentrierte Ansätze in der Betreuung von Menschen mit Demenz. Stuttgart: Klett-Cotta.

Münch M., Schwermann M. (2007): Professionelles Schmerzassessment bei Menschen mit Demenz. Stuttgart: Kohlhammer.

Plemper B., Beck G., Freter H.-J., Gregor B., Gronemeyer R., Hafner I., Klie T., Pawletko K.-W., Rudolph J., Schnabel E., Steiner I., Trilling A., Wagner J. (2007): Gemeinsam betreuen. Bern: Verlag Hans Huber.
aus der Reihe: Gemeinsam für ein besseres Leben mit Demenz.

Richter B., Richter R.W. (2004): Alzheimer in der Praxis. Bern: Verlag Hans Huber.
Ärztlicher Ratgeber.

Robert Bosch Stiftung (Hrsg.) (2007): Gemeinsam für ein besseres Leben mit Demenz – Gesamtausgabe. Bern: Verlag Hans Huber.

Sachweh S. (2008): Spurenlesen im Sprachdschungel. Kommunikation und Verständigung mit demenzkranken Menschen. Bern: Verlag Hans Huber.

Schindler U. (Hrsg.) (2003): Die Pflege demenziell Erkrankter neu erleben. Mäeutik im Praxisalltag. Hannover: Vincentz.

Staack S. (2004): Milieutherapie, Ein Konzept zur Betreuung demenziell Erkrankter. Hannover: Vincentz.

Tackenberg P., Abt-Zegelin A. (2004): Demenz und Pflege. Eine interdisziplinäre Betrachtung. Frankfurt: Mabuse.

Urselmann W. (2013): Schreien und Rufen. – Herausforderndes Verhalten bei Menschen mit Demenz. Bern: Huber.

van der Kooij C. (2012): «Ein Lächeln im Vorübergehen». Erlebensorientierte Altenpflege mit Hilfe der Mäeutik. 2., erg. Aufl. Bern: Verlag Hans Huber.

van der Kooij C. (2010): Das mäeutische Pflege- und Betreuungsmodell. Bern: Verlag Hans Huber.

Verbraucher-Zentrale Nordrhein-Westfalen e.V. (2003): Pflegende Angehörige – Balance zwischen Fürsorge und Entlastung. Düsseldorf: Verbraucher-Zentrale NRW.

Weissenberger-Leduc M. (2009): Palliativpflege bei Demenz. Ein Handbuch für die Praxis. Wien: Springer.

White E. (2013): Sexualität bei Menschen mit Demenz. Bern: Huber.

Wissmann P. et al. (2007): Demenzkranken begegnen. Bern: Verlag Hans Huber. *aus der Reihe: Gemeinsam für ein besseres Leben mit Demenz.*

Person-zentrierte Pflege

Arens, F. (2005): Kommunikation zwischen Pflegenden und dementierenden alten Menschen. Frankfurt am Main: Mabuse-Verlag.

Arens, F. (2003): «Lebensweltlich-kommunikatives Handeln»: Ein Ansatz zur Situationsbewältigung zwischen Pflegenden und dementierenden alten Menschen? In: Pflege und Gesellschaft 8 (2) 68–73.

Baer, U. (2007): Innenwelten der Demenz: Das SMEI-Konzept. Neukirchen-Vluyn: Affenkönig.

Barker, P.; Buchanan-Barker, P. (2013). Das Gezeiten-Modell. Der Kompass für eine recovery-orientierte, psychiatrische Pflege. Bern: Huber.

Bartholomeyczik, S.; Halek, M. (Hrsg.) (2009): Assessmentinstrumente in der Pflege. Hannover: Schlütersche.

Bartholomeyczik, S.; Halek, M. (2006): Verstehen und Handeln. Hannover: Schlütersche.

Bell, V.; Troxel, D. (2004): Personzentrierte Pflege bei Demenz. München: Reinhardt Verlag.

Bradford Dementia Group (2008): Pflege von Menschen mit Demenz evaluieren. Die DCM-Methode, 8. Aufl. Witten: Priv. Universität Witten/Herdecke.

Bosch, C.F.M. (1998): Vertrautheit: Studie zur Lebenswelt dementierender alter Menschen. Wiesbaden: Ullstein Medical.

Bowlby Sifton C. (2011): Das Demenz-Buch. Ein «Wegbegleiter» für Angehörige und Pflegende. 2. überarb. Aufl. Bern: Verlag Hans Huber.

Brooker, D., Surr, C. (2008): Dementia Care Mapping. Grundlagen und Praxis. Witten: Priv. Universität Witten/Herdecke.

Brooker, D. (2008): Person-zentriert pflegen. Bern: Verlag Hans Huber.

Diakonisches Werk Württemberg (Hrsg.), Bär, M.: Demenzkranke Menschen im Pflegeheim besser begleiten. Hannover: Schlütersche 2004.

Franke, L (2006): Demenz in der Ehe: Über die verwirrende Gleichzeitigkeit von Ehe- und Pflegebeziehung. Frankfurt: Mabuse-Verlag.

Gröning, K.; Kunstmann, A.-C. (Hrsg.) (2004): Pflegegeschichten: Pflegende Angehörige schildern ihre Erfahrungen. Frankfurt: Mabuse Verlag.

Hennig A.; Riesner C.; Schlichting, R.; Zörkler, M. (2006): Qualitätsentwicklung in Pflegeeinrichtungen durch Dementia Care Mapping? Saarbrücken: Institut für Sozialforschung und Sozialwirtschaft e.V.

Innes, A. (Hrsg.) (2004): Die Dementia Care Mapping Methode (DCM). Bern: Verlag Hans Huber.

Institut für Sozialforschung und Sozialwirtschaft e.V. (2005): Menschen mit Demenz: Wegweisende Impulse für die häusliche Pflege und Betreuung. Saarbrücken.

Menzen, K.-H. (2004): Kunsttherapie mit altersverwirrten Menschen. München: Reinhardt Verlag.

Morton, I. (2002): Die Würde wahren. Personenzentrierte Ansätze in der Betreuung von Menschen mit Demenz. Stuttgart: Klett-Cotta.

Müller-Hergl, C. (2004): Aus Sicht des Subjektiven. In: Im Brennpunkt: Lebensqualität/ Pflegequalität. Demenz Support Stuttgart (Hrsg.). Stuttgart: Demenz Support Stuttgart: 105–130.

Pörtner, M. (2004): Ernstnehmen-Zutrauen-Verstehen. Stuttgart: Klett-Cotta.

Pörtner, M.: (2005): Alt sein ist anders. Personenzentrierte Betreuung von alten Menschen. Stuttgart: Klett-Cotta.

Stuhlmann, W. (2004): Demenz – wie man Bindung und Biographie einsetzt. München: Reinhardt Verlag.

Tackenberg, P.; Abt-Zegelin, A. (Hrsg.) (2000): Demenz und Pflege: Eine interdisziplinäre Betrachtung. Frankfurt am Main: Mabuse Verlag.

Uhlmann, P.; Uhlmann, M. (2006): Was bleibt …: Menschen mit Demenz. edition uhlensee.

Weyerer, S.; Schäufele, M. (2006): Demenzkranke Menschen in Pflegeeinrichtungen. Stuttgart: Kohlhammer.

Welling, K. (2005): Interaktionen in der Pflege von Menschen mit Demenz, Heft 16. Brake: Prodos Verlag.

Wissmann, P. (Hrsg.) (2004): Werkstatt Demenz. Hannover: Vincentz Verlag 2004.

Zieres, G.; Weibler, U. (Hrsg) (2007): Herausforderung Demenz: Optimierung der Versorgung von Menschen mit Demenzerkrankung. Dienheim: IATROS Verlag 2007.

Zusammenstellung: Christian Müller-Hergl, ergänzt von Jürgen Georg

Demenz und Zivilgesellschaft

Demenz Support Stuttgart (Hrsg.) (2010): «Ich spreche für mich selbst» – Menschen mit Demenz melden sich zu Wort. Frankfurt: Mabuse.

Förstl H., Kleinschmidt C. (2010): Das Anti-Alzheimer-Buch. Ängste, Fakten, Präventionsmöglichkeiten. München: Kösel.

Taylor R. (2011): Der moralische Imperativ des Pflegens. Bern: Verlag Hans Huber.

Wissmann P., Gronemeyer R. (2008): Demenz und Zivilgesellschaft – Eine Streitschrift. Frankfurt: Mabuse.

Beschäftigung, Training, Erinnern

Bayerisches Staatsministerium für Arbeit und Sozialplanung, Familie und Frauen (2006): Musizieren mit dementen Menschen. Ratgeber für Angehörige und Pflegende. München: Reinhardt.

Becker J. (1999/2001): «Die Wegwerfwindel auf der Wäscheleine» und «Gell, heut geht's wieder auf die Rennbahn» – Die Handlungslogik dementer Menschen wahrnehmen und verstehen. afw-Arbeitshilfe Demenz I und II. Darmstadt: Arbeitszentrum für Fort- und Weiterbildung im Elisabethenstift. (Pädagogische Akademie

Elisabethenstift gGmbH, Stiftstr. 14, 64287 Darmstadt, Tel. 06151 4095-100, E-Mail: pae@elisabethenstift.de, Internet: http://elisabethenstift.de).

Bell V., Troxel D., Tonya C., Hamon R. (2007): So bleiben Menschen mit Demenz aktiv. 17 Anregungen nach dem Best-Friends-Modell. München: Reinhardt.

Bendlage R., Nix A., Schützendorf E., Wölfel A. (2009): Gärten für Menschen mit Demenz und Alzheimer. Stuttgart: Ulmer.

Friese A. (2007): Sommerfrische. 28 Kurzaktivierungen im Sommer für Menschen mit Demenz. Hannover: Vincentz.

Friese A. (2008): Herbstvergnügen. 28 Kurzaktivierungen im Herbst für Menschen mit Demenz. Hannover: Vincentz.

Friese A. (2009): Frühlingsgefühle. 28 Kurzaktivierungen im Frühling für Menschen mit Demenz. Hannover: Vincentz.

Gatz S., Schäfer L. (2002): Themenorientierte Gruppenarbeit mit Demenzkranken. 24 aktivierende Stundenprogramme. Weinheim: Beltz.

Joppig W. (2004): Gedächtnistraining mit dementen Menschen. Troisdorf: Bildungsverlag Eins.

Kiefer B., Rudert B. (2007): Der therapeutische Tischbesuch, TTB – die wertschätzende Kurzzeitaktivierung. Hannover: Vincentz.

Kleindienst J., Rath B. (2011): Momente des Erinnerns. Auswahl: Vorlesebücher für die Altenpflege. Bd. 3 und 4. Berlin: Zeitgut.

Kuratorium Deutsche Altershilfe (Hrsg.) (2007): Tiere öffnen Welten. Leitlinien zum fachgerechten Einsatz von Hunden, Katzen und Kaninchen in der Altenhilfe. Köln: KDA.

Meier E., Teschauer W. (2009): Reise ins unbekannte Land. Bildgestaltung mit demenzkranken Menschen. Norderstedt: Books on Demand.

Midi-Music-Studio: Da klingt dein Herz. Senioren singen mit. CD und Textbuch. Zu beziehen über Midi-Music-Studio, Tel: 054 05-33 21, www.mm-studio.eu

Möllenhoff H., Weiß M., Heseker H. (2005): Muskeltraining für Senioren. Ein Trainingsprogramm zum Erhalt und zur Verbesserung der Mobilität mit CD Hamburg: Behr's Verlag.

Oswald W. D., Ackermann A. (2009): Kognitive Aktivierung mit SimA-P: Selbständig im Alter. Wien: Springer.

Radenbach J. (2009): Aktiv trotz Demenz. Handbuch für die Aktivierung und Betreuung von Demenzerkrankten. Hannover: Schlütersche.

Schmidt-Hackenberg U. (1996): Wahrnehmen und Motivieren. Die 10-Minuten-Aktivierung für die Begleitung Hochbetagter. Hannover: Vincentz.

Schmidt-Hackenberg U. (2003): Zuhören und Verstehen. Warum man im Januar Brezel aß und im Juli nicht zur Ruhe kam …. Hannover: Vincentz.

Schmidt-Hackenberg U. (2004): Anschauen und Erzählen, Gedankenspaziergänge mit demenziell Erkrankten. Hannover: Vincentz.

Strätling U. (2011): Als die Kaffeemühle streikte. Geschichten zum Vorlesen für demenzkranke Menschen. Köln: KDA, auch zu beziehen über: www.geschichtenfuer-demenzkranke.de.

Sulser R. (2010): Ausdrucksmalen für Menschen mit Demenz. 3. Aufl. Bern: Verlag Hans Huber.

Tageszentrum Wetzlar: Lieder-CDs und dazugehörige Liederbücher (Volkslieder, Schlager, Weihnachts- und Kirchenlieder etc. – instrumental und/oder mit Gesang. Zu beziehen über das Tageszentrum am Geiersberg, Geiersberg 15, 35578 Wetzlar, Tel. 06441 4 37 42; www.tageszentrum-am-geiersberg.de.

Wissmann P. (Hrsg.) (2004): Werkstatt Demenz. Hannover: Vincentz.

Reminiszenztherapie, Biografiearbeit, Erinnerungspflege

Enßle J. (2010): Demenz und Biografiearbeit. Hamburg: Diplomica-Verlag.

Fotokiste zur Biografiearbeit mit dementen Menschen. Box mit Begleitbuch «Leitfaden zur Biografiearbeit». Hannover: Vincentz 2003.

Höwler E. (2011): Biografie und Demenz. Stuttgart: Kohlhammer.

Lambrecht J. (2004): Jule. Geschichten, wie die heute alten Menschen ihre Kindheit erlebten Hannover: Vincentz.

Medebach D. (2011): Filmische Biographiearbeit im Bereich Demenz: Eine soziologische Studie über Interaktion, Medien, Biographie und Identität in der stationären Pflege. Berlin, Münster: Lit Verlag.

Oswald W. D., Ackermann A. (2009): Biographieorientierte Aktivierung mit SimA-P: Selbständig im Alter. Wien: Springer.

Rath B. (2010): Vorlesebücher für die Altenpflege: Momente des Erinnerns. Zeitzeugen erzählen von früher. Bd. 1 und 2. Berlin: Zeitgut.

Schweitzer P., Bruce E. (2010): Das Reminiszenz-Buch – Praxishandbuch zur Biografie- und Erinnerungsarbeit mit alten Menschen. Bern: Verlag Hans Huber.

Stuhlmann W. (2004): Demenz – wie man Bindung und Biographie einsetzt. München: Ernst Reinhardt.

Trilling A., Bruce E., Hodgson S., Schweitzer P. (2001): Erinnerungen pflegen. Unterstützung und Entlastung für pflegende und Menschen mit Demenz. Hannover: Vincentz.

Spiele

Damals. Memoryspiel zum Sich-Erinnern. Bad Rodach: Wehrfritz.
Wehrfritz GmbH, August-Grosch-Str. 28–38, 96476 Bad Rodach.
Tel.: 09564 929-0; E-Mail: service@wehrfritz.de; Internet: http://www.wehrfritz.de
Wehrfritz GmbH, Businesscenter 271, AT–4000 Linz. Tel.: 0800 8809402,
Fax: 0800 8809401; E-Mail: service@wehrfritz.at; www.wehrfritz.at

Fiedler P. (2004): Sonnenuhr. Hannover: Vincentz.

Fiedler P. (2005): Waldspaziergang. Hannover: Vincentz.
http://shop.altenpflege.vincentz.net

Fiedler P., Hohlmann U. (2006): «Vertellekes». Brettspiel. Hannover: Vincentz.
http://shop.altenpflege.vincentz.net

Fiedler P., Hohlmann U. (2010): «Vertellekes – das neue (Spiel). Ein Frage- und Antwortspiel für ältere Menschen. Hannover: Vincentz.
http://shop.altenpflege.vincentz.net

Fiedler P., Hohlmann Ub (2011): Ergänzungsset «Vertellekes – das neue (Spiel). 120 Ergänzungskarten zum Spiel. Hannover: Vincentz. http://shop.altenpflege.vincentz.net

Sprichwortbox. 400 farbige Karten. Hannover: Vincentz. http://shop.altenpflege.vincentz.net
1. 'Ne gute Figur
2. In voller Blüte
Beide Spiele wurden von der Firma HeiMap entwickelt. Die Dipl.-Gerontologin Heike Manger-Plum hat ihre Firma «HeiMap – sinnesstimulierende Beschäftigungsmaterialien für die Altenhilfe» 2010 gegründet und mit ihrem Team, die Spiele entwickelt und produziert. 2010/2011: Bezugsquelle: HeiMap. http://www.heimap.de/1,000000035564,8,1

Paillon M. (2008): Mit Sprache erinnern. Kommunikative Spiele mit dementen Menschen. München: Reinhardt.

Schmidt-Hackenberg U. (2004): Anschauen und Erzählen – Gedankenspaziergang. Kartensatz und Begleitheft. Hannover: Vincentz.

Yalniz Degilsiniz! – Du bist nicht allein! Erinnerungskarten mit türkischen Weisheiten für die Beschäftigung mit demenziell erkrankten türkischen Menschen. (Projekt Demenz & Migration).
Bezug: Arbeiterwohlfahrt Bezirk Westliches Westfalen e.V., Kronenstr. 63–69, 44139 Dortmund, Tel.: 0231/5483-0, E-Mail: info@awo-ww.de, Internet: http://www.awo-ww.de.

Ernährung

Bayerisches Staatsministerium für Arbeit und Sozialordnung, Familie und Frauen (2007): Ratgeber für die richtige Ernährung bei Demenz. 2. Aufl. München: Reinhardt.

Borker S. (2002): Nahrungsverweigerung in der Pflege. Bern: Verlag Hans Huber. [vgr.]

Crawley H. (2008): Essen und Trinken bei Demenz. Köln: Kuratorium Deutsche Altershilfe (Tel. 0221 931 847 0).

Deutsche Expertengruppe Dementenbetreuung e.V. (DED): Die Ernährung Demenzkranker in stationären Einrichtungen, 1. Aufl. 2005.
Deutsche Expertengruppe Dementenbetreuung e.V., c/o Alzheimer Gesellschaft Bochum, Universitätsstr. 77, 44789 Bochum; Tel.: 03221 105 6979
E-Mail: info@demenz-ded.de; Internet: http://www.demenz-ded.de/

Kolb Ch. (2003): Nahrungsverweigerung bei Demenzkranken. PEG-Sonde – ja oder nein? 3. Aufl. Frankfurt: Mabuse Verlag.

Menebröcker C., Rebbe J., Gross A. (2008): Kochen für Menschen mit Demenz. Norderstedt: Herstellung und Verlag: Books on Demand GmbH.

Rückert W. et al. (2007): Ernährung bei Demenz. Bern: Verlag Hans Huber. *aus der Reihe: Gemeinsam für ein besseres Leben mit Demenz.*

Wohnen und Pflegeheim

Alzheimer-Gesellschaft Brandenburg e.V. (2009): Leben wie ich bin. Menschen mit Demenz in Wohngemeinschaften – selbst organisiert und begleitet. Ein Leitfaden und mehr, Potsdam.
Bestellung über Alzheimer-Gesellschaft Brandenburg, Tel: 0331 704 3747 E-Mail: denkert@alzheimer-brandenburg.de, www.alzheimer-brandenburg.de

Bär M. (2008): Demenzkranke Menschen im Pflegeheim besser begleiten. Arbeitshilfe für die Entwicklung und Umsetzung von Pflege- und Betreuungskonzepten. Herausgegeben vom Diakonischen Werk Württemberg. 2., aktualisierte Auflage. Hannover: Schlütersche.

Chalfont G. (2010): Naturgestützte Therapie. Tier- und pflanzengestützte Therapie für Menschen mit einer Demenz planen, gestalten und ausführen. Bern: Verlag Hans Huber.

Dettbarn-Reggentin J., Reggentin H., Risse T. (2009): Alternative Wohnformen für Menschen mit demenziellen, geistigen und körperlichen Einschränkungen. Konzepte, Finanzierung, Betreuung, Praxisbeispiele. Merching: Forum Gesundheitsmedien.

Dürrmann P. (Hrsg.) (2001): Besondere stationäre Dementenbetreuung I. Hannover: Vincentz.

Dürrmann P. (Hrsg.) (2005): Besondere stationäre Dementenbetreuung II. Konzepte, Kosten, Konsequenzen. Hannover: Vincentz.

Gutensohn S. (2000): Endstation Alzheimer? Ein überzeugendes Konzept zur stationären Betreuung. Frankfurt: Mabuse-Verlag.

Heeg S., Bäuerle K. (2004): Freiräume – Gärten für Menschen mit Demenz. Stuttgart: Demenz-Suppport Stuttgart.

Heeg S., Bäuerle K. (2008): Heimat für Menschen mit Demenz. Aktuelle Entwicklungen im Pflegeheimbau – Beispiele und Nutzungserfahrungen. Frankfurt: Mabuse-Verlag.

Held C., Ermini-Fünfschilling D. (2004): Das demenzgerechte Heim. Lebensraumgestaltung, Betreuung und Pflege für Menschen mit Alzheimerkrankheit. Basel: Karger.

Klie T. (Hrsg.) (2002): Wohngruppen für Menschen mit Demenz. Hannover: Vincentz.

Kuhn C., Radzey B. (2005): Demenzwohngruppen einführen. Ein Praxisleitfaden für die Konzeption, Planung und Umsetzung. Stuttgart: Demenz Support Stuttgart, Zentrum für Informationstransfer.

Kuratorium Deutsche Altershilfe (Hrsg.) (2009): Licht + Farbe: Wohnqualität für ältere Menschen.

Planer K. (2010): Haus- und Wohngemeinschaften – Neue Pflegekonzepte für innovative Versorgungsformen. Bern: Verlag Hans Huber.

Staack S. (2004): Milieutherapie. Ein Konzept zur Betreuung demenziell Erkrankter. Hannover: Vincentz.

Weyerer S., Schäufele M. (2006): Demenzkranke Menschen in Pflegeeinrichtungen. Stuttgart: Kohlhammer.

Winter P., Genrich R., Haß P. (2002): KDA-Hausgemeinschaften. Die 4. Generation des Altenpflegeheimbaus. Eine Dokumentation von 34 Projekten. = BMG Modellprojekte Bd. 9, 2001/2002. Köln: Kuratorium Deutsche Altershilfe.

Technische Unterstützung

Heeg S., Heusel C., Kühnle E., Külz S., von Lützau-Hohlbein H., Mollenkopf H., Oswald F., Pieper R., Rienhoff O., Schweizer R. (2007): Technische Unterstützung. Bern: Verlag Hans Huber.
aus der Reihe: Gemeinsam für ein besseres Leben mit Demenz.

Beratung und Unterstützung für Angehörige (wissenschaftliche Beiträge)

Engel S. (2006): Alzheimer und Demenzen – Unterstützung für Angehörige. Die Beziehung erhalten mit dem neuen Konzept der einfühlsamen Kommunikation. Stuttgart: MVS Medizinverlage.

Hedtke-Becker A., Steiner-Hummel I., Wilkening K., Arnold K. (2000): Angehörige pflegebedürftiger alter Menschen – Experten im System häuslicher Pflege. Eine Arbeitsmappe. Frankfurt am Main: Deutscher Verein für Öffentliche und Private Fürsorge.

Franke L. (2006): Demenz in der Ehe. Über die verwirrende Gleichzeitigkeit von Ehe- und Pflegebeziehung. Frankfurt a. Main: Mabuse-Verlag.

George W., George U. (2003): Angehörigenintegration in der Pflege. München: Reinhardt.

Lipinska D. (2010): Menschen mit Demenz personzentriert beraten. Bern: Verlag Hans Huber.

Perrig-Chiello P., Höpflinger F. (2012): Pflegende Angehörige älterer Menschen. Bern: Verlag Hans Huber.

Wadenpohl S. (2008): Demenz und Partnerschaft. Freiburg i. Br.: Lambertus.

Wilz G., Adler C., Gunzelmann T. (2001): Gruppenarbeit mit Angehörigen von Demenzkranken. Leitfaden. Göttingen: Hogrefe.

Woods B., Keady J., Seddon D. (2009): Angehörigenintegration. Beziehungszentrierte Pflege und Betreuung von Menschen mit Demenz. Bern: Verlag Hans Huber.

Zeisel J. (2011): «Ich bin noch hier!» Bern: Verlag Hans Huber.

Erfahrungsberichte, Tagebücher und Prosa

Alzheimer-Gesellschaft Berlin, Christa Matter, Noel Matoff (Hrsg.). (2009). «Ich habe Fulsheimer». Angehörige und ihre Demenzkranken. 1. Aufl. Hamburg/München: Dölling und Galitz Verlag.

Andersson B. (2007): Am Ende des Gedächtnisses gibt es eine andere Art zu leben. München: Brunnen.

Anonymus (2007): Wohin mit Vater? Ein Sohn verzweifelt am Pflegesystem. Frankfurt a. Main: Fischer.
Basting A. D. (2012): Das Vergessen vergessen. Bern: Verlag Hans Huber.
Bayley J. (2002): Elegie für Iris. Taschenbuch zum Film. München: dtv.
Bernlef J. (2007): Bis es wieder hell ist. München: Nagel & Kimche.
Blasius C. (2002): Gestern war kein Tag. Bielefeld: Verlag Neues Literaturkontor.
Braam S. (2008): «Ich habe Alzheimer». Wie die Krankheit sich anfühlt. Weinheim: Beltz-Verlag.
Bryden C. (2011): Mein Tanz mit der Demenz – Trotzdem positiv Leben. Bern: Verlag Hans Huber.
Buell-Whitworth H. (2013): Das Lewy-Body-Demenz Buch. Wissen und Tipps zum Verstehen und Begleiten. Bern: Verlag Hans Huber.
Degnaes B. (2006): Ein Jahr wie tausend Tage. Ein Leben mit Alzheimer. Düsseldorf: Walter.
Forster M. (2006): Ich glaube, ich fahre in die Highlands. 10. Aufl. Frankfurt a. Main: Fischer.
Ganß M. (2009): Demenz-Kunst und Kunsttherapie. Künstlerisches Gestalten zwischen Genius und Defizit. Frankfurt: Mabuse.
Genova L. (2009): Mein Leben ohne gestern. Bergisch Gladbach: Bastei Luebbe.
Held W. (2000): Uns hat Gott vergessen. Tagebuch eines langen Abschieds. Bucha bei Jena: Quartus-Verlag.
Hummel K. (2009): Gute Nacht, Liebster. 3. Aufl. Bergisch Gladbach: Bastei Lübbe.
Jens T. (2009): Demenz. Abschied von meinem Vater. 3. Aufl. Gütersloh: Gütersloher Verlagshaus.
Klessmann E. (2012): Wenn Eltern Kinder werden und doch die Eltern bleiben. 7. Aufl. Bern: Verlag Hans Huber.
Lambert M. (2000): Mutter … Aufarbeitung einer Beziehung. Toppenstedt: Schmitz.
Maurer K., Maurer U. (2009): Alzheimer und Kunst. Carolus Horn – Wie aus Wolken Spiegeleier werden. Frankfurt a. Main: Frankfurt University Press.
McCarthy, B. (2012): Nur nicht den Verstand verlieren. Bern: Verlag Hans Huber.
Offermans C. (2007): Warum ich meine demente Mutter belüge. München: Kunstmann.
Obermüller K. (Hrsg.) (2006): Es schneit in meinem Kopf. Erzählungen über Alzheimer und Demenz. München: Nagel & Kimche Verlag.
Rohra H. (2012): Aus dem Schatten treten. Warum ich mich für unsere Rechte als Demenzbetroffene einsetze. Frankfurt: Mabuse.
Schänzle-Geiger H., Dammann G. (2009): Alois und Auguste. Alzheimer und Demenz – Geschichten über das Vergessen. Frauenfeld: Huber.
Snyder L. (2011) Wie sich Alzheimer anfühlt. Bern: Verlag Hans Huber.
Suter M. (1999): Small World. Zürich: Diogenes.
Kriminalroman.
Taylor R. (2010): Alzheimer und Ich. – Leben mit Dr. Alzheimer im Kopf. 2. Aufl. Bern: Verlag Hans Huber.
Taylor R. (2011): Im Dunkeln würfeln. (Bild-Text-Band). Bern: Verlag Hans Huber.
Taylor R. (2011): Der moralische Imperativ des Pflegens. Bern: Verlag Hans Huber.

Taylor R. (2013): Hallo Mr. Alzheimer. Wie kann man weiterleben mit Demenz? – Einsichten eines Betroffenen. Bern: Verlag Hans Huber.

Veld E. (2000): Klein, still & weiß. Frankfurt: Fischer.

Vilsen L. (2000): Die versunkene Welt der Lucie B. – Das Leben mit meiner alzheimerkranken Frau. Stuttgart: Urachhaus Verlag.

Von Rotenhan E. (2009): Paradies im Niemandsland: Alzheimer. Eine literarische Annäherung. Stuttgart: Radius-Verlag.

Zander-Schneider G. (2006): Sind Sie meine Tochter? Leben mit meiner alzheimerkranken Mutter. Reinbek: Rowohlt.

Zimmermann C., Wissmann P. (2011): Auf dem Weg mit Alzheimer. Wie sich mit einer Demenz leben lässt. Frankfurt: Mabuse.

Bücher für Kinder und Jugendliche

Abeele van den V., Dubois C.K. (2007): Meine Oma hat Alzheimer. Gießen: Brunnen-Verlag.
Ab 5 Jahre.

Alzheimer Europe (Hrsg.) (2007): Liebe Oma. Luxembourg: Alzheimer Europe. 3. Aufl.
7–12 Jahre; Deutsche Alzheimer Gesellschaft e. V.

Hula S. (2006): Oma kann sich nicht erinnern (ab 8 Jahre). Wien: Dachs-Verlag.

Körner-Armbruster A.M. (2009): Oma Lenes langer Abschied. Mötzingen: Sommerwind-verlag.
Ab 5 Jahre.

Kuijer G. (2007): Ein himmlischer Platz. Hamburg: Verlag Friedrich Oetinger.
Ab 10 Jahre.

Langston L., Gardiner L. (2004): Omas Apelkuchen. Kiel: Friedrich Wittig Verlag.
3–5 Jahre.

Messina L. (2005): Opa ist … Opa! Frankfurt: Kinderbuchverlag Wolff.
Ab 3 Jahre.

Mueller D. (2006): Herbst im Kopf. Meine Omi Anni hat Alzheimer. Wien: Annette Betz Verlag.
Ab 4 Jahre.

Musgrove M. (2010): Als Opa alles auf den Kopf stellte. Weinheim: Beltz & Gelberg.

Nilsson U., Erriksson E. (2008): Als Oma seltsam wurde. Bilderbuch. Frankfurt a.M.: Moritz-Verlag.

Park B. (2003): Skelly und Jake. Gütersloh: C. Bertelsmann Verlag.
10–16 Jahre.

van Kooij R. (2007): Nora aus dem Baumhaus. Wien: Jungbrunnen.

Vendel van de E. (2004): Was ich vergessen habe. Hamburg: Carlsen Verlag.
6–12 Jahre.

Vendel van de E., Godon I. (2006): Anna Maria Sofia und der kleine Wim. Hamburg: Carlsen Verlag.
Ab 4 Jahre.

Medizinische Fachliteratur

Beyreuther K. et al. (2002): Demenzen. Grundlagen und Klinik. Stuttgart: Thieme.

Förstl H. (Hrsg.) (2002): Lehrbuch der Gerontopsychiatrie und -psychotherapie. 2. Aufl. Stuttgart: Thieme.

Förstl H. (2010): Demenz Diagnose und Therapie. Stuttgart: Schattauer.

Förstl H. (2012): Demenzatlas spezial. Stuttgart: Thieme.

Gutzmann H., Zank S. (2004): Demenzielle Erkrankungen, medizinische und psychosoziale Interventionen. Stuttgart: Kohlhammer.

Kastner U., Löbach I. (2007): Handbuch Demenz. München: Urban & Fischer.

Martin M., Schelling H. R. (Hrsg.) (2005): Demenz in Schlüsselbegriffen. Bern: Verlag Hans Huber.

Richter B., Richter R. W. (2004): Alzheimer in der Praxis. Bern: Verlag Hans Huber.

Wallesch C. W., Förstl, H. (2012): Demenzen. Stuttgart: Thieme.

Recht und Pflegeversicherung

Bundesministerium für Justiz (Hrsg.) (2007): Betreuungsrecht mit ausführlichen Infos zur Vorsorgevollmacht, Broschürenversand der Bundesregierung. Tel.: 01805 / 77 80 90

Internet: http://www.bmj.de/SharedDocs/Downloads/DE/broschueren_fuer_warenkorb/DE/Das_Betreuungsrecht.pdf?__blob=publicationFile

Coeppicus R. (2009): Patientenverfügung, Sterbehilfe und Vorsorgevollmacht. Rechtssicherheit bei Ausstellung und Umsetzung – Mustertexte und Lexikon. Essen: Klartext.

Klie T. (2005). Pflegeversicherung. Einführung, Lexikon, Gesetzestexte, Nebengesetze, Materialien. 7. Aufl. Hannover: Vincentz.

Petzold Ch. et al. (2007): Ethik und Recht. Bern: Verlag Hans Huber.
aus der Reihe: Gemeinsam für ein besseres Leben mit Demenz.

Schriftenreihe der Bundesarbeitsgemeinschaft Selbsthilfe e. V.: Die Rechte behinderter Menschen und ihrer Angehörigen. 37. Aufl. 2010/11.
Bezugadresse: BAG Selbsthilfe e. V., Broschürenversand, Dieter Gast, Kirchfeldstr. 149, 40215 Düsseldorf, E-Mail: dieter.gast@bag-selbsthilfe.de, Tel. 0211 310060 Internet: www.bag-selbsthilfe.de > Veröffentlichungen > Literaturverzeichnis.

Verbraucherzentrale (2011): Pflegefall – was tun? Leistungen der Pflegeversicherungen und anderer Träger verständlich gemacht. 8. Auflage. www.vz-nrw.de.

Ferner stellt das Bundesministerium für Gesundheit kostenlos verschiedene Broschüren zur Verfügung:

Pflegen zu Hause. Ratgeber für die häusliche Pflege (2007)

Pflegeversicherung. Schutz für die ganze Familie (2006).

Ratgeber Pflege – Alles was Sie zur Pflege wissen müssen (2008)

Gut zu wissen – das Wichtigste zur Pflegereform 2008 (2008)
Zu bestellen beim BMG, per: E-Mail: publikationen@bundesregierung.de
Telefon: 018 05 77 80 90 (kostenpflichtig: 14 Ct/Min. aus dem dt. Festnetz, abweichende Preise aus den Mobilfunknetzen möglich)

Fax: 018 05 77 80 9490 (kostenpflichtig: 14 Ct/Min. aus dem dt. Festnetz, abweichende Preise aus den Mobilfunknetzen möglich)
Schriftlich: Publikationsversand der Bundesregierung
Postfach 48 10 09
18132 Rostock
oder als PDF zum Herunterladen auf http://www.bmg.bund.de.

Fachzeitschriften

pflegen DEMENZ
Kallmeyer Verlag im Erhard Friedrich Verlag
Im Brande 17
30926 Seelze/Velber
Tel.: +49 (0)511 4 00 04-0
Fax: +49 (0)511 4 00 04-1 19
abo@friedrich-verlag.de
www.pflegen-demenz.de
(4 Hefte/Jahr)

demenz – DAS MAGAZIN
Brinkmann Meyhöfer GmbH & Co. KG
An der Strangriede 54 A
30167 Hannover
Tel. +49 511 261775- 11
Fax +49 511 261775-29
E-Mail: info@brinkmann-meyhoefer.de
(4 Hefte/Jahr)

NOVAcura (Alten- und Langzeitpflege)
Verlag Hans Huber
Länggass-Str. 76
CH-3000 Bern 9
Tel.: 0041 (0)31 300 45 00
Fax: 0041 (0)31 300 45 93
Internet: http://www.verlag-hanshuber.com
E-Mail: verlag@hanshuber.com
(10 Hefte/Jahr)

Videos und DVDs

Apfelsinen in Omas Kleiderschrank. DVD inklusive Arbeitsblätter und Begleitheft mit methodisch-didaktischen Empfehlungen für die Umsetzung im Unterricht. Drei Filme, insgesamt 70 Minuten. Regie: Wilma Dirksen und Ralf Schnabel.

Demenzielles Verhalten verstehen, Abschied von den Spielregeln unserer Kultur (DVD) (2007). Hannover: Vincentz (Fortbildung, Schulung).

Der Tag, der in der Handtasche verschwand. Zu bestellen bei Marion Kainz, die den Film gedreht hat, Tel: 0179 502 40 88.

Der schleichende Verfall des Gehirns. Die Alzheimersche Krankheit (DVD) (2006). Hannover: Vincentz.

Erinnerungspflege mit demenziell Erkrankten. Hannover: Vincentz, 2002. DVD, 30 Minuten.

Eyre, R. (2003): Iris. Spielfilm. 87 min. Aus dem Englischen.

Integrative Validation nach Nicole Richard. Hannover: Vincentz, 1999. DVD, 30 Minuten.

Kuratorium Deutsche Altenhilfe (2010): DVD-Box «Demenz – Filmratgeber für Angehörige»; beinhaltet den Spielfilm «Eines Tages ...», zwei weitere DVDs mit 12 Themenfilmen sowie eine CD-Rom mit Begleitmaterialien.
zu beziehen über:
KDA, Versand, An der Pauluskirche 3, 50677 Köln, Fax.: 0221/9318476,
E-Mail: versand@kda.de, http://www.kda.de/kdaShop/filme/5014/demenz.html

Medienprojekt Wuppertal e.V. Projektleitung: Andreas von Hören (2010): Vom Leben mit Demenz. Viele Abschiede. DVD. 140 Minuten plus 109 Minuten Bonus. Bezugsquelle: www.medienprojekt-wuppertal.de.

Mein Vater – Coming Home. Spielfilm (Regie: Andreas Kleinert; Darsteller: Klaus J. Behrendt; Götz George; Ulrike Krumbiegel). Euro Video 2006.
Emmy-Gewinner 2003.

Österreichisches Institut für Validation: Zurück zu einem unbekannten Anfang – Leben mit Alzheimerkranken. Dokumentarfilme und Fortbildungseinheiten (DVD). Bestellung über Filmcasino & polyfilm BetriebsGmbH, Margaretenstrasse 78, A-1050 Wien, Informationen: http://www.leben-mit-alzheimerkranken.at

Polley S. (2006): An ihrer Seite. Spielfilm. 110 min. Aus dem Englischen.

Rosentreter S.: Ilses weite Weit: Filme für Menschen mit Demenz.
– Ein Tag im Tierpark (2010)
– Musik – gemeinsam singen! (2011)
Beide DVDs sind auch mit Begleitbuch, Fotokarten und Haptik-Set erhältlich. Bezugsquelle: www.ilsesweitewelt.de.

Ulmer E.-M. (2005): Interaktionen mit dementen Menschen. Hannover: Schlütersche. (DVD)
Fortbildung, Schulung.

Weck R. (Hrsg.) (2007): Einfach Alltag. Personenzentrierte Pflege in der Praxis. Stuttgart: Demenz Support Stuttgart. (DVD)
Dokumentarfilm

X1. Dieser Film wurde unter der Projektleitung des LVR Zentrums für Medien und Bildung von Ester.Reglin.Film produziert und vom Land Nordrhein-Westfalen und den Landesverbänden der Pflegekassen in NRW finanziert.

10-Minuten-Aktivierung bei Verwirrten. Aufbruch in die Vergangenheit. Hannover: Vincentz. Zwei VHS-Kassetten, 92 Minuten.

Veröffentlichungen der Deutschen Alzheimer Gesellschaft e. V.

Selbsthilfe Demenz
Schriftenreihe

Band 1: Leitfaden zur Pflegeversicherung. Antragstellung, Begutachtung, Widerspruchsverfahren, Leistungen. 11. aktualisierte Auflage 2009.

Band 2: Ratgeber in rechtlichen und finanziellen Fragen für Angehörige von Demenzkranken, ehrenamtliche und professionelle Helfer. 5. aktualisierte Auflage 2008.

Band 3: Stationäre Versorgung von Demenzkranken. Leitfaden für den Umgang mit demenzkranken Menschen. 6. aktualisierte Auflage 2008, Band 5: Ratgeber Häusliche Versorgung Demenzkranker. 3. überarbeitete Auflage 2010.

Tagungsreihe der Deutschen Alzheimer Gesellschaft

Band 3: Demenz und Pflegebedürftigkeit. 1. Aufl. 2001.

Band 4: Gemeinsam handeln, Referate auf dem 3. Kongress der Deutschen Alzheimer Gesellschaft, Friedrichshafen, 1. Aufl. 2003.

Band 6: «Demenz – eine Herausforderung für das 21. Jahrhundert. 100 Jahre Alzheimer-Krankheit», Referate auf dem 22. Internationalen Kongress von Alzheimer's Disease International (12.–14.10.2006, Berlin), als CD-ROM.

Band 7: «Aktiv für Demenzkranke», Referate auf dem 5. Kongress der Deutschen Alzheimer Gesellschaft (9.–11.10.2008, Erfurt), inkl. CD-ROM.

Praxisreihe der Deutschen Alzheimer Gesellschaft

Band 1: Betreuungsgruppen für Demenzkranke. Informationen und Tipps zum Aufbau. 4. aktualisierte Auflage 2009.

Band 2: Alzheimer- Was kann ich tun? Erste Hilfe für Betroffene. 11. Aufl. 2010.

Band 3: Mit Musik Demenzkranke begleiten. Informationen und Tipps. 3. Aufl. 2009.

Band 4: Helferinnen in der häuslichen Betreuung von Demenzkranken. Aufbau und Arbeit von Helferinnenkreisen. 4. Aufl. 2009.

Band 5: Leben mit Demenzkranken. Hilfen für schwierige Verhaltensweisen und Situationen im Alltag. 4. Aufl. 2007.

Band 6: Ernährung in der häuslichen Pflege Demenzkranker. 7. Aufl. 2008.

Band 7: Gruppen für Angehörige von Demenzkranken. 1. Aufl. 2005.

Band 8: Inkontinenz in der häuslichen Versorgung Demenzkranker. Informationen und Tipps bei Blasen- und Darmschwäche. 2. Aufl. 2006.

Band 9: Prävention, Therapie und Rehabilitation für Demenzkranke. 1. Aufl. 2009.

Band 10: Frontotemporale Demenz. Krankheitsbild, Rechtsfragen, Hilfen für Angehörige, 1. Aufl. 2009.

Band 11: Wenn die Großmutter demenzkrank ist. Hilfen für Eltern und Kinder. 1. Aufl. 2010.

CD-ROMs und DVDs

Allein leben mit Demenz. Herausforderung für Kommunen – Handbuch zum Projekt. Schulungsmaterialien, Interviews und kurze Filme. DVD, 1. Aufl. 2010.

Deutsche Alzheimer Gesellschaft e. V. «Hilfe beim Helfen». Schulungsreihe für Angehörige von Alzheimer- und anderen Demenzkranken. CD-ROM, 3. aktualisierte Auflage 2008. Das interaktive modulare Seminarprogramm wendet sich an pflegende Angehörige.

Demenz interaktiv. Informationen und Übungen für Angehörige und Betroffene. CD-ROM, 2. Aufl. 2009.

Leben mit FTD. Dreiteiliger Dokumentarfilm über frontotemporale Demenz der Deutschen Alzheimer Gesellschaft, 2010. Bezugsquelle: www.deutsche-alzheimer.de.

Sonstige Veröffentlichungen

Das Wichtigste über die Alzheimer-Krankheit und andere Demenzformen. Ein kompakter Ratgeber. 17. aktualisierte Auflage 2010.

Das Buch der Erinnerungen. Buch mit Beiträgen verschiedener Prominenter zur Unterstützung der Arbeit der DAlzG.

Fotoband «Blaue und graue Tage», Portraits von Demenzkranken und ihren Angehörigen, 1. Aufl. 2006.

Liebe Oma. Kinderbuch. 3. Aufl. 2007.

Pflege und Betreuung von Menschen mit Demenz am Lebensende. Hrsg.: Alzheimer Europe, Deutsche Alzheimer Gesellschaft, Schweizerische Alzheimervereinigung, 1. Aufl., November 2009.

Vergesst die Demenzkranken nicht! Forderungen der Deutschen Alzheimer Gesellschaft e. V., 3. Aufl. 2010.

Zeitschrift Alzheimer Info – Vierteljährlich erscheinende Mitgliederzeitschrift

Zu bestellen bei: Deutsche Alzheimer Gesellschaft e. V. Selbsthilfe Demenz,
Friedrichstraße 236, 10969 Berlin
Tel. 030 – 259 37 95-0, Fax 030 259 37 95-29
http://www.deutsche-alzheimer.de

Links

Im Internet gibt es inzwischen eine Vielzahl von interessanten Websites mit Informationen über Demenz bzw. die Alzheimer-Erkrankung. Im Folgenden wird lediglich eine Auswahl der verschiedenen Seiten vorgestellt und näher beschrieben. Der Verlag übernimmt keine Verantwortung für die Aktualität der Inhalte bzw. mögliche Links der Internetseiten. Stand der Informationen Oktober 2009.

http://www.aktion-demenz.de: Seite des Vereins Aktion Demenz e.V. Der Verein möchte das bürgerschaftliche Engagement wecken und fördern und wendet sich nicht nur an Fachpublikum.

http://www.alois.de: firmengebundenes Informationsportal zur Alzheimer Krankheit des Alzheimer Online Informationsservice.

http://www.alz.ch: Die Seite der schweizerischen Alzheimervereinigung informiert über aktuelle Themen rund um die Krankheit. Der Schwerpunkt der Vereinigung liegt auf der Beratung von Betroffenen und ihren Angehörigen. Die Vereinigung unterhält ein sogenanntes Alzheimer-Telefon.

http://www.alzheimer.lu. Internetseite der Luxemburgischen Alzheimergesellschaft

http://www.alzheimer-europe.org. Dachverband der europäischen Alzheimergesellschaften

http://www.alzheimerforum.de: Seite der Angehörigen Initiative e. V. mit wichtigen Informationen zur Krankheit mit Schwerpunkt auf der Unterstützung der Angehörigen. Aktuelles auch zu den Themen Recht, Pflegeversicherung, Behandlungsansätze und Hilfsmittel. Möglichkeit der telefonischen Beratung. Bietet umfassende Adressenliste auch über Angehörigengruppen in Österreich.

http://www.alzheimerforum.ch: Alzheimer Forum Schweiz.

http://www.alzheimer-forschung.de: Alzheimer Forschung Initiative e. V.

http://www.alzheimer-gesellschaft.at: Seite der österreichischen Alzheimer Gesellschaft mit Schwerpunkt auf Wissenschaft und Forschung.

http://www.alzheimer-net.ch: eine firmengebundene Schweizer Info-Plattform (deutsch/französisch)

http://www.alzheimer-selbsthilfe.at: Seite des Alzheimer Angehörigen Austria Vereins mit nützlichen Informationen zu vielen Themen der Krankheit für Betroffene und Angehörige.

http://www.brad.ac.uk. Website der Bradford Dementia Group.

http://www.dcm-deutschland.de: Offizielle deutsche Seite des DCM-Verfahrens unter der Trägerschaft der Privaten Universität Witten/Herdecke mit Informationen über Aus- und Fortbildung für Pflegende und andere Angehörige des Gesundheitswesens.

http://www.demenz-service-nrw.de: Seite der Landesinitiative Demenz-Service Nordrhein-Westfalen. Dies ist eine gemeinsame Plattform einer Vielzahl von Akteuren, in deren Zentrum die Verbesserung der häuslichen Situation von Menschen mit Demenz und die Unterstützung ihrer Angehörigen stehen. Die Seite bietet vielfältige Informationen.

http://www.demenz-support.de: Zentrum für Informationstransfer zum Thema Demenz. Herausgeber der Zeitschrift «Demenz», ein Gesellschaftsjournal, in dem das Thema Demenz aus einer zivilgesellschaftlichen, übergreifenden Perspektive beleuchtet wird. Sie richtet sich an pflegende Angehörige, an Alzheimer-Betroffene, an bürgerschaftlich engagierte Menschen, an Vertreter der Kommunen, der Kirche, der Kultur und vieler anderer gesellschaftlicher Bereiche.

http://www.deutsche-alzheimer.de: Seite der deutschen Alzheimer Gesellschaft mit Hilfen für Betroffene und ihre Angehörigen. Sie bietet den Service der Online-Beratung, die Möglichkeit, Informationsblätter, Materialien und Broschüren herunterzuladen bzw. zu bestellen. Darüber hinaus bietet sie eine umfassende Adressenliste von allen regionalen Alzheimer Gesellschaften, Beratungsstellen und Angehörigengruppen in Deutschland.

http://www.demenz-service-nrw.de. Landesinitiative Demenz-Service Nordrhein-Westfalen.

http://www.dialogzentrum-demenz.de. Seite des «Dialogzentrum Demenz» an der Privaten Universität Witten/Herdecke. Wissenschaftlicher Arbeitsplatz der Herausgeber.

http://www.dgn.org: Deutsche Gesellschaft für Neurologie.

http://www.dgpalliativmedizin.de: Die Deutsche Gesellschaft für Palliativmedizin befasst sich unter anderem auch mit der Palliativbetreuung fortgeschritten demenziell Erkrankter (s. «DPG Arbeitsgruppen, Palliativmedizin Nichttumorpatienten»).

http://www.evidence.de/Leitlinien/leitlinien-intern/index.html: Evidenzbasierte medizinische Leitlinie (Experten, Fachleute im Gesundheitswesen).

http://www.hospiz.net: Die Seite des Deutschen Hospiz- und Palliativverbandes (DHPV) beschäftigt sich unter anderem auch mit der hospizlichen Begleitung von Menschen mit Demenz in fortgeschrittenen Stadien bzw. in der Sterbephase.

http://www.kda.de: Seite des Kuratoriums Deutsche Altershilfe mit vielen nützlichen Informationen zur Pflege und Betreuung von alten Menschen und hilfreichen Informationen zu aktuellen Veröffentlichungen zum Thema Demenz.

http://www.kosch.ch: Website zur Koordination und Förderung von Selbsthilfegruppen in der Schweiz.

http://www.mas.or.at. Internetseite der Österreichischen Alzheimergesellschaft. **http://www.oegn.at:** Österreichische Gesellschaft für Neurologie.

http://www.patientenleitlinien.de: Internetseite mit gut verständlichen medizinischen Informationen für Patienten.

http://www.pflegen-demenz.de: Erste deutschsprachige Fachzeitschrift für die professionelle Pflege von Personen mit Demenz mit Beiträgen, deren Schwerpunkte auf der praktischen Umsetzung und Verbesserung im Alltag von Menschen mit Demenz und ihren Pflege- und Betreuungspersonen liegen.

http://www.wegweiser-demenz.de: Internetportal des Bundesministeriums für Familien, Senioren, Frau und Jugend (BMFSFJ) mit vielen Informationen zum Thema Demenz.

http://www.wg-qualitaet.de: vom Bundesministerium für Familie, Senioren, Frauen und Jugend gefördertes Modellprojekt zur Qualitätssicherung in ambulant betreuten Wohngemeinschaften für Menschen mit Demenz.

http://www.zfg.uzh.ch: Zentrum für Gerontologie; interdisziplinäres und interfakultäres Kompetenzzentrum der Universität Zürich; auch psychologische Beratung zum Altern.

Adressen

Deutschland

Alzheimer-Ethik e. V.
Nassauerstrasse 31
59065 Hamm
Tel.: 02381 972 28 84
E-Mail: anfrage@alz-eth.de
Internet: http://www.alzheimer-ethik.de
http://www.alzheimer-alternativ-therapie.de

Alzheimer Forschung Initiative e. V.
Kreuzstr. 34
40210 Düsseldorf
Postadresse: Postfach 20 01 29, 40099 Düsseldorf
Tel.: 0211 862 066-0; Service-Tel.: 0800 200 400 1 (gebührenfrei)
Fax: 0211 862 066-11
E-Mail: info@alzheimer-forschung.de
Internet: http://www.alzheimer-forschung.de

BAGA Bundesarbeitsgemeinschaft für Alten- und Angehörigenberatung e. V.
Lisa Berk
Berliner Platz 8
97080 Würzburg
Tel.: 0931 28 43 57
E-Mail: info@baga.de
http://www.baga.de

BAG SELBSTHILFE e. V.
Bundesarbeitsgemeinschaft SELBSTHILFE von Menschen mit Behinderung und chronischer Erkrankung und ihren Angehörigen e. V.
Kirchfeldstr. 149
40215 Düsseldorf
Tel.: 0211 310 06-0
Fax: 0211 310 06-48
E-Mail: info@bag-selbsthilfe.de
Internet: http://www.bag-selbsthilfe.de

Bundesarbeitsgemeinschaft der Freien Wohlfahrtspflege (BAGFW) e. V.
Oranienburger Straße 13–14
10178 Berlin
Tel.: 030 240 89-0
Fax: 030 240 89-134
E-Mail: info@bag-wohlfahrt.de
Internet: http://www.bagfw.de

Bundesministerium für Familie, Senioren, Frauen und Jugend
11018 Berlin
Tel.: 0 01 80 190 705 0 (Montag bis Donnerstag: von 9.00–18.00 Uhr)
(Anrufe aus dem Festnetz: 9–18 Uhr 3,9 Cent pro angefangene Minute)
Tel: 030 185 55-0 (Zentrale)
Fax: 030 185 554 400
E-Mail: Kontaktformular
http://www.bmfsfj.de (dann weiter zu → Ältere Menschen → Demenz)

Bundesministerium für Gesundheit (BMG)
Erster Dienstsitz: Rochusstr. 1, 53123 Bonn
Zweiter Dienstsitz: Friedrichstraße 108, 10117 Berlin (Mitte)
Telefon: 030 18441-0 (bundesweiter Ortstarif)
Fax: 030 18441-4900
E-Mail: info@bmg.bund.de oder Kontaktformular
http://www.bmg.de (dann weiter zu → Pflege → Demenz)

Demenz Support Stuttgart – Zentrum für Informationstransfer
Hölderlinstr. 4
70174 Stuttgart
Tel.: 0711 997 87 10
Fax: 0711 997 87 29
E-Mail: info@demenz-support.de
Internet: http://www.demenz-support.de

Demenz – Das Magazin
Vincentz Network GmbH
Postfach 6247
30062 Hannover
Internet: http://www.altenpflege.vincentz.net/zeitschriften/demenz/

Deta-Med
Karl-Marx-Str. 188 (Ärztehaus)
12043 Berlin
Tel.: 030 689 89 970
Fax: 030 89 979689457
E-Mail: info@deta-med.com

Demenz Support Stuttgart – Zentrum für Informationstransfer
Hölderlinstr. 4
70174 Stuttgart
Tel.: 0711 997 87 10
Fax: 0711 997 87 29
E-Mail: info@demenz-support.de
Internet: http://www.demenz-support.de

Deutsche Alzheimer Gesellschaft e. V.
Friedrichstr. 236
10969 Berlin
Tel.: 030 259 37 95 0
Fax: 030 259 37 95 29
E-Mail: info@deutsche-alzheimer.de
Internet: http://www.deutsche-alzheimer.de/
Mit ausführlichen Informationen zu allen regionalen Beratungsstellen in Deutschland.

Deutsche Arbeitsgemeinschaft Selbsthilfegruppen e. V.
Kontaktstelle für Selbsthilfegruppen Gießen
Friedrichstr. 28
35392 Gießen
Tel.: 0641 994 56 12
Fax: 0641 994 56 19
E-Mail: dagshg@gmx.de
Internet: www.dag-shg.de

Deutsche Expertengruppe Dementenbetreuung e. V.
Herr Martin Hamborg
Haberkamp 3
22399 Hamburg
Tel.: 03221 105 69 79
Fax: 040 2787 1381
E-Mail: info@demenz-ded.de
http://www.demenz-ded.de

Deutsche Gesellschaft für Gerontologie und Geriatrie (DGGG) e. V.
Geschäftsstelle
Seumestr. 8
10245 Berlin
Tel. 030 52137271
Fax: 030 52137272
E-Mail: gs@dggg-onli.de
http://www.dggg-online.de

Deutsche Gesellschaft für Neurologie e. V. (DGN)
Geschäftsstelle
Reinhardtstr. 14
10117 Berlin
Tel.: 030 531 437 93-0
Fax: 030 531 437 93-9
E-Mail: info@dgn.org
Internet: http://www.dgn.org

Deutsche Gesellschaft für Gerontopsychiatrie und -psychotherapie e. V. (DGGPP)
Geschäftsstelle
Postfach 1366
51675 Wiehl
Tel.: 02262 797 683
Fax: 02262 999 99 16
E-Mail: GS@dggpp.de
Internet: http://www.dggpp.de/

Deutsche Gesellschaft für Psychiatrie, Psychotherapie und Nervenheilkunde (DGPPN)
Hauptgeschäftsstelle:
Reinhardtstr. 14
10117 Berlin
Tel.: 030 240 477 20
Fax: 030 240 477 229
E-Mail: sekretariat@dgppn.de
Internet: http://www.dgppn.de

Deutsche Seniorenliga e. V.
Heilsbachstr. 32
53123 Bonn
Tel.: 0228 367 93 0
Fax: 0228 367 93 90
E-Mail: info@deutsche-seniorenliga.de
Internet: http://www.deutsche-seniorenliga.de

Deutsches Grünes Kreuz e. V.
Im Kilian
Schuhmarkt 4
35037 Marburg
Tel.: 064 21 29 30
Fax: 064 21 229-10
E-Mail: dgk@kilian.de
Internet: http://www.dgk.de

Deutsches Zentrum für Altersfragen (DZA)
Manfred-von-Richthofenstr. 2
12101 Berlin-Tempelhof
Tel.: 030 260740 0
Fax: 030 7854350
E-Mail: Kontaktformular auf der Homepage («Kontakt»)
Internet: http://www.dza.de

Dialog- und Transferzentrum Demenz (DZD) an der Universität Witten/Herdecke
Universität Witten/Herdecke
Stockumer Straße 10
58453 Witten
Sekretariat: Claudia Kuhr
Tel.: 02302 926-306
Fax: 02302 926-310
E-Mail: Claudia.Kuhr@uni-wh.de oder Kontaktformular auf der Homepage («E-Mail»)
Internet: http://www.uni-wh.de/gesundheit/pflegewissenschaft/institute-und-einrichtungen/dialogzentrum-demenz-dzd/

Forum gemeinschaftliches Wohnen e. V.
Bundesvereinigung
Haus der Region, Hildesheimer Str. 20
30169 Hannover
Tel.: 0511 475 3253
Fax: 0511 475 3530
E-Mail: info@fgwa.de
Internet: http://www.fgwa.de

Hirnliga e. V.
Geschäftsstelle
Postfach 1366
51657 Wiehl
Tel.: 02262 999 99 17 (montags bis freitags von 8.30 bis 12.30 Uhr)
E-Mail: buero@hirnliga.de
Internet: http://www.hirnliga.de

IdeM
Informationszentrum für dementiell und psychisch erkrankte sowie geistig behinderte MigrantInnen und ihre Angehörigen
Frau Derya Wrobel
Rubensstr. 84
12157 Berlin
Tel.: 030 856 296 57
Fax: 030 856 296 58
E-Mail: derya.wrobel@vdk.de
Internet: http://www.idem-berlin.de
Allgemeine Sprechzeiten: dienstags 9.00–12.00 Uhr
donnerstags 13.00–15.00 Uhr
Muttersprachliche Sprechzeiten: Jeweils in der ersten Woche des Monats
Türkisch: montags von 9.00–12.00 Uhr
Arabisch: montags von 15.00–18.00 Uhr
Polnisch: dienstags von 15.00–18.00 Uhr
Serbisch-Kroatisch: mittwochs von 15.00–18.00 Uhr

Kompetenznetz Demenzen e. V.
Sprecher Prof. Dr. med. Wolfgang Maier
Zentralinstitut für Seelische Gesundheit
J5
68159 Mannheim
Beratung und Hilfe s. Deutsche Alzheimer Gesellschaft
Internet: http://www.kompetenznetz-demenzen.de

Kuratorium Deutsche Altershilfe (KDA)
Wilhelmine-Lübke-Stiftung e. V.
An der Pauluskirche 3
50677 Köln
Tel.: 0221 931 847 0
Internet: http://www.kda.de

Selbsthilfewegweiser für Bremen und Nordniedersachsen
Angehörigengruppe für Alzheimererkrankte
Faulenstr. 31
28195 Bremen
Tel.: 0421 4988634 und 0421 704581
Fax: 0421 707472
E-Mail: info@netzwerk-selbsthilfe.com
Internet: http://www.netzwerk-selbsthilfe.de

Österreich

Alzheimer-Selbsthilfe.at
Obere Augartenstr. 26–28
1020 Wien
Tel./Fax: 01 332 51 66
Internet: http://www.alzheimer-selbsthilfe.at

Schweiz

Alzheimer – Schweizerische Alzheimervereinigung
Rue des Pêcheurs 8 E
1400 Yverdon-les-Bains
Tel.: 024 426 20 00
Alzheimer-Telefon: 024 426 06 06, bedient von Montag bis Freitag, jeweils von 8–12 und von 14–17 Uhr.
E-Mail: info@alz.ch
Internet: http://www.alz.ch

Alzheimer Forum Schweiz
Postfach 7832
3001 Bern
E-Mail: info@alzheimerforum.ch
Internet: http://www.alzheimerforum.ch

Schrittweise …
Palliative Betreuung in Ihrer Nähe
Mühlegasse 33
8001 Zürich
Tel.: 044 463 13 10
Fax: 044 463 18 86
E-Mail: kontakt@schrittweise.ch

Offene Kirche – in der Heiliggeistkirche
Postfach 1040
3000 Bern 23
Jeweils Dienstag, 16.30–18.30 Uhr: Persönliche Kurzberatung durch die Alzheimervereinigung Bern. Keine Voranmeldung nötig
Tel.: 031 370 71 14
Fax: 031 370 71 91
E-Mail: info@offene-kirche.ch
Internet: www.offene-kirche.ch

Bezugsquellen für Materialien

Für einzelne Aktivierungen benötigtes Material (Instrumente, Geräte, Bastelutensilien, aber auch Puppen, Spiele etc.) findet man in einschlägigen Fachgeschäften (z. B. Sanitätshäuser, Schreibwarengeschäfte, Spielwarengeschäfte). Vieles wird auch online vertrieben. Nachfolgend eine kleine Auswahl von Bezugsadressen, die neben dem örtlichen Geschäft auch über einen Online-Shop verfügen:

Deutschland

Gehrmeyer Orthopädie- und Rehatechnik GmbH
Averdiekstr. 1
49078 Osnabrück
Tel.: 0541 94545-00
E-Mail: info@gehrmeyer.de
Internet: www.gehrmeyer-spielewelt.de
Materialien, Instrumente, Spielgeräte, Spielsachen, Puppen für jedes Alter
Sehr gut strukturierte, übersichtliche Internet-Seite, große Auswahl

Boutique Karthaus
Werkstätten Karthaus
Weddern 14
48249 Dülmen
Tel.: 02594 8932-254
E-Mail: vertrieb@werkstaetten-karthaus.de
Internet: werkstaetten-karthaus.de
Kleine Auswahl an schönen Brettspielen (z. T. mit extra großen Figuren), Domino, Memospielen (auch 3D), alles aus Holz, Holzkalender (auch fremdspachig)

Ellhol GmbH
Holger Ellinger
Oberhofer Platz 1
80807 München
Tel.: 089 2033-1323 (Anrufbeantworter, wenn Büro nicht besetzt;
Nachricht hinterlassen)
E-Mail: info@ellhol.de oder Kontaktformular auf d. Homepage
Internet: www.aktivierungen.de
Sehr große Auswahl, Suche braucht aber wegen der eingeschränkten Übersichtlichkeit etwas Geduld u. Zeit. Vieles, das man auch selbst basteln/herstellen kann. Fundgrube für eigene Ideen.

Kreativsport
Inh. Arnd Corts, Diplom-Wirtschaftsingenieur (FH)
Hermesstr. 38
58095 Hagen
Tel.: 0 23 31 204 44 34
E-Mail: info@kreativsport.de
Internet: www.kreativsport.de → «Seniorensport»
vor allem für körperliche Aktivierungen, im Kinderbereich aber auch große Auswahl an Spielen

Schweiz

Betzold Lernmedien GmbH
Winkelriedstr. 82
8203 Schaffhausen
Tel.: (0041) (0)52 644 80 90
E-Mail: service@betzold.ch
Internet: www.betzold.ch
Ob Basteln, Malen oder Sport – hier finden sich Materialien und Gegenstände für alle Sinne, auch in größeren Mengen/größerer Anzahl. Schnäppchen suchen!

Autorenverzeichnis

Elaine White lebt in New South Wales in Australien. Sie ist Pflegefachfrau (RN), Pflegelehrerin (Dipl. Nursing Education), klinische Pflegeberaterin in geriatrischer Altenpflege, Kontinenzberaterin und Sexualberaterin. Sie verfügt über 23 Jahre Erfahrung als Pflegeberaterin für die Hunter New England Health Authority und arbeitet seit vier Jahren als Dozentin und Beraterin für die Alzheimer Vereinigung in New South Wales in Australien. In Ihrer pflegerischen Laufbahn hat sich spezialisiert in Rehabilitation, Pflege von Menschen mit Demenz, Kontinenzförderung und Sexualität. Sie ist Autorin zahlreicher Fachartikel und des vorliegenden Fachbuchs «Dementia and Sexuality». Ihre Passion besteht darin die Würde und das Wohlbefinden von Menschen mit Demenz zu unterstützen und zu fördern.

Peter Offermanns, geb. 1957, lebt in Berlin. Er ist Pflegefachmann, Dipl. Pflegewirt (FH), freier Autor. Schauspielstudium in Paris, Schwerpunkt Clownerie. Befasst sich intensiv mit Demenz und Möglichkeiten der Kommunikation mit Hilfe der Clownerie. Leitete Demenz-WG's in Berlin. Deutscher Herausgeber für das vorliegende Buch.

Kontakt
E-Mail: offermannsp@t-online.de

Sachwortverzeichnis